Liebe Leserin, lieber Leser,

ausgerechnet Weimar zur Kulturstadt Europas zu benennen – das heißt wahrlich Eulen nach Athen tragen. Diese wunderliche Provinzstadt trägt nun seit über zweihundert Jahren die Kultur wie einen Kult für die gebildeten Stände gewissermaßen im Stadtwappen.

Keine leichte Bürde, wie mittlerweile bekannt ist. Das Genie-Nest an der Ilm, dessen 62000 Einwohner für 1999 an die fünf Millionen Gäste erwarten müssen, ist nicht nur der Ort, an dem die erste freiheitliche Verfassung Deutschlands erarbeitet wurde. Hier hielt sich der Totengräber ebendieser Verfassung besonders gern auf und ließ sich das älteste Hotel am Platz in seinem Sinne neu bauen.

Stilleben am Marktplatz: Neptunbrunnen und Rathaus

Wer Weimar sagt, muß Buchenwald mitdenken. Drei MERIAN-Fotografen haben sich davon ein Bild gemacht. Volkhard Knigge, der Leiter der Gedenkstätte, berichtet dazu aus seinen Erfahrungen mit Gästen und Einheimischen.

Wir haben auch sonst zugesehen, dem Weimar von heute Raum zu geben. Und dabei festgestellt, daß es hier ein Leben nach den Klassikern gibt. Wir laden ein zu einer Tour durch eine kregle Kunstszene und zu einem Architektur-Stück über Weimars Villenkultur. Wir haben Weimarern ins Auge geblickt und dem Weimaraner, dem silbergrauen Vorstehhund, den schon Goethes Herzog zur Jagd nutzte.

Natürlich gibt es Geschichte und Geschichten. Und wem das zu wenig Klassik ist, der mag allein seinen Weg ins Goethe-Haus finden und aufs kleine Bett des großen Mannes schauen. Das ist doch eine Reise wert.

Ihr

Schnitgerhans

HOLGER SCHNITGERHANS

Ich *bin* nicht müde.
Ich will nich
Können wir endlich
Abb. zeigt Golf Cabriolet Colour Concept mit Leichtmetallrädern BSZ.

ach Hause.
eiterfahren?
Nichts ist so erfrischend wie ein Ausflug im neuen Golf Cabriolet. Auf den vier komfortablen Einzelsitzen können große und kleine Leute bequem die weite Welt entdecken. Egal, ob im Trendline, Comfortline, Highline oder Colour Concept – die Fahrt wird bestimmt ein Genuß. Die Open-Air-Saison beginnt bei Ihrem Volkswagen Partner. Oder hier:
www.generationgolf.de
WOB AZ 189
Generation Golf

INHALT WEIMAR

110 Bunte Baugeschichte: Sechs Weimarer Villen

58 Schatzkammer: die Anna-Amalia-Bibliothek

68 Ein tierischer Klassiker: der Weimaraner

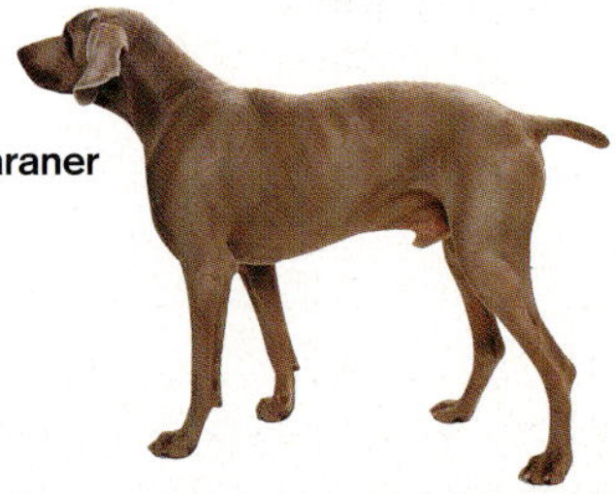

84 Seebach-Stift: Leben als Auftritt

32 Kunststätte: das Autonome Cultur Centrum

58 Stadtrundgang: Idylle auf kleinem Raum

40 Junger Blick auf's Alte: Fotografin Salmon

8 Foyer
Über Licht-Effekte, Designer-Souvenirs, Kulturstadt-Fernsehen, Beute-Frauen, Garten-Künstler, Saale-Wein, Gingko-Blätter und die einzig wahre Wurst
Texte: Michalis Pantelouris

14 Das wiedergefundene Paradies
Skeptischer Blick auf den Ort einer Kindheit
Text: Sibylle Berg, Fotos: Tina Hager

32 Das Kunst-Stück
ACC-Galerie: Junge Kreative mit frischem Kulturprogramm
Text: Kersten Wetenkamp, Fotos: Wulf Brackrock

40 Lebensläufe mit Umwegen
Sechs Menschen und ihr Alltag
Text: Renate Häselbarth, Fotos: Jim Rakete

48 Die Verführung von Weimar
Wie Lotte den Geist von Weimar belebt
Text: Otmar Jenner, Fotos: Jordis Schlösser

58 Der schönste Stadtrundgang
Unterwegs zu den Stätten der Klassik
Text: Stephan Laudien, Fotos: Jordis Schlösser

64 Dichter an der Macht
Goethe als politischer Manager eines deutschen Kleinstaats
Text: Hans Markus Thomsen

68 Graue Exzellenz
Von der Rasse und Klasse des Weimaraner Vorstehhundes
Text: Emanuel Eckardt, Fotos: Wulf Brackrock

76 Haus deutscher Geschichte: Hotel Elephant
Mit der Moderne gegen ein unseliges Image. Text: Roger Anderson

84 Letzte Spielzeit
Das Marie-Seebach-Stift, Deutschlands einziges Altersheim für Theaterleute. Text: Thomas Gebhardt, Fotos: Ulrike Schamoni

92 Fürstliche Landpartie
Ausflüge zu den Schlössern im Umland Weimars

98 Premiere im Provinztheater
Die Geburt der ersten deutschen Republik. Text: Jörg Sobiella

102 Buchenwald
Gedanken über eine Gedenkstätte von Volkhard Knigge
Interview: Wolf Thieme

110 Wunsch-Villen
Weimarer Domizile und ihrer Bewohner
Text: Christiane Weber, Fotos: Wilfried Bauer

Die Koordinaten hinter den **MERIAN**-Adressen verweisen auf die Planquadrate der großen **MERIAN**-Karte

MERIAN SERVICE

Texte: Stephan Laudien

120 Information zum Titelbild, Grunddaten, Daten zur Geschichte, Tips und Hinweise
121 Übernachten, Essen
123 MERIAN-Karte
126 Ausgehen, Einkaufen
126 Museen und Archive
127 Gedenkstätten, Kirchen und Friedhöfe
128 Sehenswertes, Bücher
129 Veranstaltungen, Bildnachweis, Impressum
130 Vorschau

Nicht allein die Klassiker erstrahlen in neuem Glanz. Die Kulturstadt Europas 1999 setzt sich auch sonst ins rechte Licht – real wie virtuell. Am Abendhimmel, auf dem Monitor, im Internet und im Museum

Kunst Licht

Die Erleuchtung

Welch ein Empfang! Schon von der Autobahn A4 sieht man das strahlendste Kunstwerk Weimars: die Lichtskulptur Gelmeroda. Jeden Abend, von Einbruch der Dunkelheit bis Mitternacht, tauchen grüne und blaue Scheinwerfer die Kirche in ein Farben- und Formenmeer. Die Lichtskulptur ist eine dreidimensionale Interpretation der Bilder des Malers Lyonel Feininger. In den Werken des deutsch-amerikanischen Bauhausmeisters (1871-1956) war die Kirche ein zentrales Motiv. Mehr als anderthalb Jahre lang plante und experimentierte der Architekt und Feininger-Fan Peter Mittmann, bis er die für Feiningers Stil typischen scharfen geometrischen Flächen mit Licht und Schatten projizieren konnte. Allabendlich, bis Ende 2000, erstrahlen 28 neuartige energiesparende Hochdruck-Halogen-Dampflampen. „Kunst als Wechselwirkung von Natur, Technik, Absicht und Zufall" nennt Mittmann das Kunst-Produkt, denn je nach Wetterlage verändert sich die Skulptur. Das grüne und blaue Licht ist nur sichtbar, wenn es in Dunst- oder Regenpartikeln reflektiert – am eindrucksvollsten ist die Lichtskulptur Gelmeroda also bei richtig ungemütlichem Schmuddelwetter

Kultur leuchtet: die Lichtskulptur in Gelmeroda

Weimarwelle

Kulturstadt auf Sendung: Ab Juni wird **worldhaus-TV** 99 Tage lang Weimars Fenster zur Welt sein. Gesendet wird im Prinzip alles, denn Konzept ist die Arbeit ohne Konzept. **worldhaus** versteht sich als Kunstwerk, nicht als Chronist. Wie beim Turmbau zu Babel will der Sender ein „Bild geistiger Entfaltung in Form der Sprachverwirrung" bieten. Auf dem Uni-Gelände wird eigens ein Sendeturm installiert. Dort kann jeder Kameras ausleihen und sich am Kunst-TV beteiligen. Zu sehen ist **worldhaus** in Thüringen über Kabel, europaweit über Satellit und weltweit im Internet. Adresse: www.uni-weimar.de/worldhaus

Neues Museum: Neue Wilde

Als erste Stadt in den neuen Bundesländern hat Weimar ein Museum für Zeitgenössische Kunst: Das Neue Museum, ehemals Landesmuseum, ist pünktlich zu Beginn des Kulturjahres fertig geworden. Mittelpunkt der Ausstellung ist die Sammlung des Kölner Galeristen Paul Maenz mit Werken von Anselm Kiefer und Peter Roehr sowie der Neuen Wilden, aber auch Vertretern der Conceptkunst, der Minimal Art und der italienischen Avantgarde. Im Kulturjahr gibt es Sonderausstellungen zum Bauhaus, über den Architekten Henry van der Velde, über Goethe als Kunsthistoriker und über Udo Lindenberg – als Maler

Goethe auf der Kaffeetasse, Schiller auf dem T-Shirt, Schloß Belvedere in der Schneekugel. Phantasielose Souvenirs wie überall auf der Welt. Schluß jetzt damit! Eine kreative Truppe von Bauhaus-Studenten ist zu einer Kultur-Revolution angetreten und will den Massenkitsch in den Geschenkläden endlich ausräumen – mit Designerstücken für Goethe-Groupies

Goethe ist gut – noch Fragen?

Klassischer Klimbim

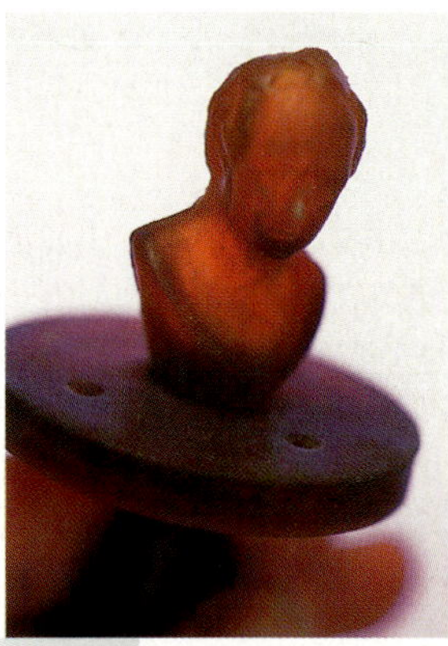

Büsten kauen, Denkmäler drücken, Architektur aufblättern: Design-Ideen von Bauhaus-Studenten

Umdenken beim Andenken

Goethe mal ganz anders. Babys kauen auf dem Dichter herum: Der J.W.G.-Schnuller ist nur eines der schrägen Souvenirs, die Studenten der Bauhaus-Uni entworfen haben. Die Richtung ist klar: weg von den ewig gleichen Kugelschreibern und Feuerzeugen. Und was könnte besser zur Kulturstadt'99-Erinnerung taugen als ein Kulturbeutel aus Thüringer Tuchschwamm? Einige Einfälle der Studenten des Fachbereichs Produktdesign könnten echte Renner werden. Vielleicht nicht gerade das Daumenkino, in dem Goethe zum Frosch mutiert, oder jenes, in dem Weimars klassische Bauten von Nazi-Architektur überdeckt werden. Mit Sicherheit aber der Damenstrumpf mit aufgedrucktem „Faust"-Zitat. Schöne Beine verkaufen schließlich, das ahnte schon die Namensgeberin des Projekts „Gretchens Masche". Seit Herbst 1996 tüfteln die Nachwuchs-Designer an ihren Andenken, mit Unterstützung von Betrieben aus der Region. Jetzt, zum Kulturjahr, werden zwölf dieser *made by Bauhaus*-Stücke angeboten. Für die Thüringer Industrie könnte sich mit den Erinnerungsstükken ein neuer Markt erschließen, denn bisher werden die meisten Weimar-Memorabilien – wie fast alle Souvenirs der Welt – in Fernost gefertigt. Die Studenten jedenfalls wollen ihre Arbeit auch über das Kulturstadtjahr hinaus fortsetzen. Und dabei die wichtigsten Eigenschaften von Souvenirs nicht vergessen: handlich müssen sie sein, billig und überflüssig (Info über: Weimar Design Souvenir 1999, Bauhaus Universität, Geschwister-Scholl-Str. 7, 99421 Weimar, Telefon 03643/583189)

Weimarer und Thüringer Lebensfreuden en passent: ein Schwarzbier auf der Terrasse des Residenz-Cafés, eine Rostbratwurst am Stand, eine Weinverkostung in Winzers Kellergewölbe

Genuß-Gelüste

Die wahre Weimarer Mitte

Das Residenz-Café ist ein guter Platz für Zeitnahmen in Weimar. Es ist, als hätte es „das Resi" – wie es vertraulich beim Vornamen gerufen wird – schon immer gegeben. Es war Hofkonditorei, Warmbier-Lieferant für die Schloßsoldaten, Bürgerlokal, Damenkränzchen, Promi-Treff, Studenten- und Flüsterkneipe. Hier verkehrten die Bauhäusler als Bürgerschreck, hier hätte die Musikstudentin Marlene Dietrich während der Inflation beinahe ihre goldene Uhr versetzt, wenn eine Freundin nicht mit einem Dollar ausgeholfen hätte. Und noch immer fallen Stars ein. Das Gästebuch nennt Hanna Schygulla, Marla Glenn, Otto Sander, Dieter Hildebrandt. Auch Bruno Ganz war hier, aber der steht nicht im Gästebuch, der stand nur am Tresen.

In der Heldenzeit der deutschen Klassik waren es Anna Amalias Tafelrunde und der von Goethe gesetzte „Reunionspunkt" der Freitagsgesellschaft, Johanna Schopenhauers Teesalon, Liszts Hausmusiken, die Drachenfeste der Bauhäusler und leider auch die fatalen Zirkel der Nietzsche-Schwester Elisabeth, die in Weimar den Ton angaben.

Heute ist's das klassenlose Resi. Hier wird verabredet, wer bei wem seine Bilder ausstellt und wer die nächste Buchpremiere moderiert. Hier werden Doktorväter ausgeknobelt, Referentenstellen besetzt und ABM-Maßnahmen verlängert. Niemand weiß, wieviele Ideen, Intrigen und Projekte hier schon ganz nebenbei auf Servietten skizziert wurden, wieviele Bündnisse oder Komplotte man schnell mal zwischen zwei Espressi geschmiedet hat. Von der Tafelrunde zum Stammtisch – welch eine Karriere!

Besetzt von allen Schichten jeden Alters: die Terrasse vor dem Residenz-Café

Wer sich auf den knirschenden Rattan-Garnituren unter den großen Verandafenstern oder sommers auf der an einen Landungssteg für Ilm-Gondeln erinnernden Freifläche niederläßt, ist der Mühe enthoben, durch die Stadt laufen zu müssen: Die Stadt kommt zu ihm. Zwar ist das Diktum des Kellner-Faktotums Mager aus dem Hotel Elephant bekannt, wonach „Wir in Weimar" so etwas wie weite Wege nicht kennen, weil „Unsere Größe im Geistigen" beruht, aber bequemer ist es allemal, daß die Stadt an einem vorüberzieht

Nix ist Wurscht bei der Wurst

In Weimar kann's nur eine geben: die echte Thüringer Rostbratwurst – und nur vom Holzkohlegrill. Die Wurst gibt es beim Schlachter als Rohling: Der nach den Seiten offene Saitling wird erst vor dem Verzehr „gezwirbelt". Diese Vorarbeit bleibt dem Konsumenten an den allgegenwärtigen Buden verwehrt, er kann sich aber auf Rezeptur und Verfahren gemäß Innungsartikel von 1613 verlassen: Nur reines Schweinefleisch wird locker in Naturdarm gestopft. Exquisit wird die Thüringer erst durch die handgemischten Gewürze. Thüringer Majoran und Kümmel kommen rein, Pfeffer und Salz natürlich, was noch, ist Familienrezept des Schlachters. Muskat vielleicht oder geriebene Zitronenschale. Was auf die gegrillte Wurst kommt, ist in Thüringen unstrittig: Thüringer Senf. Wer Ketchup nimmt, kann sich gleich „Tourist" auf die Stirn schreiben

Thüringer Thurgau

Man könnte vom Weimarer Hauswein sprechen, wären die Mengen nicht so knapp: Ganze 200 Hektoliter keltert Andreas Clauß, Chef des einzigen Thüringer Weinguts „Sonnenburg" in Bad Sulza, wo seit 800 Jahren (heute auf 13 Hektar) Reben angebaut werden. Die Kreszenzen vom Muschelkalkboden des Ilmtals werden von Kennern gelobt: es gibt einen Müller-Thurgau und einen Traminer, Anpflanzungen anderer Sorten stehen bevor. Weinproben und Einzelverkauf im Gewölbekeller des Gutshofes. Anmeldung: Tel. (03 64 61) 206 00

Der Befreiungsschlag vom geistigen und steinernen Erbe der Klassikerstadt gelingt dem Besucher rasch: Natur ist nahe, überall. Aber selbst dort lauert schon wieder Kultur

Freiluft Kultur

Vorsicht: Kunst! Die Rasensofas von Daniel Spoerri

Kunst im Wachstum

Die Gärtner müssen achtgeben: was sie im Begriff sind niederzumähen, könnte ein Kunstwerk sein. Im Garten der Villa Haar ist das Bauhaus-Uni-Projekt „Künstlergärten in Weimar“ von Prof. Barbara Nemitz angesiedelt. Nicht immer sind die Objekte für den Besucher so real wie die Natursofas („Liegewiese – Rasen betreten verboten“) des Schweizers Daniel Spoerri oder das Ring-Objekt von Reiner Matysik, der Pflaumenbaumsetzlinge in ovale Ringe gezwungen hat – ein wahres Dressurstück. Die Arbeit „Duftveilchen“ von Brigitte Raabe ist deutlich gefährdeter: Welche der vielen Veilchen im Park zu ihrem Projekt gehören, bleibt unklar. Das ist auch so gewollt, denn Kunst kann durchaus unsichtbar bleiben. Daß Kunst Vegetation benutzt und Natur der beste Designer ist, stellt auch Peter Hutchinson mit seinem Werk „Thrown Ropes“ unter Beweis: Der Besucher sieht eine mehrere Meter lange unregelmäßige Eibenhecke. Ihre Existenz verdankt sie einem beherzten Lassowurf Hutchinsons. Die Linie, die das Seil bildete, wurde bestimmend für den Verlauf der Pflanzung. Ein Ende des Projekts ist nicht abzusehen, schließlich befindet es sich noch im Wachstum. Informationen: Bauhaus Universität, Fakultät Freie Kunst, Tel. (036 43) 581 64

Das Ur-Laub

Vor 250 Jahren kam der Ginkgo aus Ostasien nach Europa. Er ist eine Urform zwischen Nadel- und Blattbaum. Das tief gespaltene zweilappige Blatt inspirierte Goethe zum Gedicht „Gingo biloba“, in dem er sagt: **Ist es ein lebendig Wesen? Das sich in sich selbst getrennt, Sind es zwei? die sich erlesen Daß man sie als eines erkennt.** Das Ginkgoblatt taucht in Weimar in Form von Schmuck und Marzipan auf, in natura im Garten des Elephant und hinter dem Fürstenhaus

Bienen und Bienenstich

Für Imker ist diese Frau eine „Beute“ – so lautet im Fachjargon der Name fürs Bienenhaus. Durch einen kleinen Schlitz im Rock der lebensgroßen Figur gelangen die Pollensammler in ihre Behausung. Das Deutsche Bienenmuseum im Ortsteil Oberweimar präsentiert eine ganze Sammlung hölzerner Figurenbeuten aus dem 18. und 19. Jahrhundert. Hier können Besucher einem Bienenvolk bei seiner sprichwörtlichen Fleißarbeit zusehen, Honigsorten probieren und erfahren, wie Bienenwachs gewonnen wird – oder sich im Sommer einfach in den Garten setzen, dem Gesumme lauschen und Kuchen essen. Bienenstich natürlich

Das berühmteste Gartenhaus der Welt liegt versunken in der Ruhe des Parks an der Ilm. Dennoch ist Goethes Klause der Stadt ganz nah

Mit Sehnsucht nach Heimat kehrte eine Weimarerin nach 15 Jahren in die Stadt ihrer Jugendjahre zurück. Doch erst nach einer rätselhaften persönlichen Verwandlung ist sie endgültig in Weimar angekommen. Text: Sibylle Berg, Fotos: Tina Hager

Das wiedergefundene Paradies

Die Weimarer pflegen liebevoll die **Fassaden von Residenzen** und Kanzleien und heben jetzt auch ihre einst gern vergessenen großen Mitbürger aufs Schild

Auf der Suche nach den Quellen deutscher Meistersinger oder seltenen Ausgaben der frühbürgerlichen deutschen Literatur ist die **Herzogin Anna Amalia Bibliothek** für Wissenschaftler und Bibliomanen weltweit eine der ersten Adressen

Ein Blick aus der luftigen Höhe des Schloßturms erinnert an die **Leichtigkeit eines Spielzeugstädtchens**. Weimars Mitte hat die Struktur einer Residenzstadt des 18. Jahrhunderts – großes Schloß und kleines Rathaus (m.) – bewahrt

Gegenwart trifft Vergangenheit. Der Zeitgenosse im Barockkostüm ist der Schauspieler Herbert Wegner, der bei Rundgänge und Veranstaltungen die Gäste Weimars in **die höfische Zeit** versetzt – mit Anekdoten, Rezitationen oder als kundiger Begleit

Heiterkeit und Behagen empfand Goethe, ganz im Sinne seiner Farbenphilosophie, **im Gelben Saal** seines Hauses (r.). Theorien zu Dekor und Gestaltung beschäftigen (l.) auch den Studenten der Bauhaus-Uni

Aufgemöbelt fürs Kulturjahr und dem Zustrom zugewandt stehen **Schiller und Goethe** auf dem Theaterplatz. Das Doppelstandbild, 1857 eingeweiht, wurde von Bürgern, Kommunen und Fürsten, darunter Kaiser Napoleon III., bezahlt

40 TAGE DAVOR Sie stand vor dem Bahnhof. Das Herz schneller, alles schnell, der Atem, das Leben, das jetzt beginnen würde, an jenem Tag, an dem es so hell war, wie um sie auszuleuchten, von allen Seiten sah sie anders aus, als was, hätte keiner sagen können, aber es wirkte, als gehöre sie nicht vor diesen Bahnhof, auf diese Allee, die sie nun in die Stadt hinablief. Nach 15 Jahren war sie zurückgekommen, denn im Gehirn des Menschen sitzt ein Virus, der schlechte Erinnerungen aufißt, so waren ihr nur Bilder geblieben, von stillen kleinen Gassen im Regen, der auf Kopfsteinpflaster glänzt. Von einem Park im Nebel und Fachwerkhäusern im Sonnenschein. Eine Stadt, in der jeder jeden kennt. Sie hatte in Städten gelebt, in denen man nicht mal mehr sich selber kennt, und es waren schöne Bilder gewesen, darum. Sie hatte vergessen, wovor sie geflohen war. Alles vergessen, und sie war zurückgekommen aus der Sehnsucht nach einer Heimat heraus, wegen eines Gedankens an Frühling und Quellen und kultivierte Menschen, die einander noch mit Namen ansprechen. Hatte sich eine Wohnung gemietet und schaute nun aus dem Fenster auf einen kleinen Platz und dachte an Spitzweg und Frieden. Der erste Spaziergang durch die Stadt am Nachmittag ihres neuen Lebens. Ein paar Läden mehr, ein paar Fassaden neu, und doch das Gefühl, als habe sich nichts verändert. Seit 15 Jahren oder 200.

So hell die Sonne, so weich der Vogelgesang, durch die Seifengasse, in den Park, sie sah das Gartenhaus, die Ilm, kam zurück zum Markt, auf dem Thüringer Bauern Wiesenblumen verkauften, nebenan aus der Musikhochschule Geigenspiel, in den Straßencafés sonnten sich Menschen und Touristen. Als sich gegen zehn die Stadt schlafen legte, die Menschen von den Straßen verschwanden, nur noch sie durch den Frühlingsabend zu ihrem Haus lief, der Wind sie streichelte, von weit entfernt ein Trabant knatterte, dachte sie, endlich angekommen zu sein. An einem Ort, an dem ihr nichts mehr passieren könnte, weil er ihrer war, wie eine Mutter. Sang er sie in den Schlaf, und die Luft so süß, durch das offene Fenster in der Nacht.

Rückkehr. So hell die Sonne, so süß die Luft, so familiär die Menschen. Spaziergänge durch kleine Gassen und zu Goethes Garten (oben). Doch dann das komische Gefühl, daß mit der Luft etwas nicht in Ordnung ist

35 TAGE DAVOR Es schien ihr, als sei jeder Stein der kleinen Stadt Kultur. Jedes Haus berührt, vor langer Zeit von einem, der die Welt prägt. Schiller, Goethe, Liszt, Herder, Klee, van de Velde, und sie faßte jedes Haus, jeden Baum und schaute danach ihre Hand an wie ein gerade benutztes Taschentuch, ob etwas Genialität darin wäre. Sie kletterte in den künstlichen Ruinen im Goethe-Park herum, las die Inschrift im Felsen unter dem Römischen Haus und hatte das Gefühl, daß an einem solch gesegneten Platz nichts Böses vorzufinden sei. Sie berührte die Bauhaus-Schule, das Haus der Frau von Stein, sie wanderte nach Tiefurt und Belvedere, und abends saß sie im Residenzcafé und war von Freude erfüllt, diesen Ort für sich wiedergefunden zu haben, in dem es keine Uhren zu geben schien, keinen Kapitalismus und nichts Arges.

Die Blicke der Menschen deutete sie als Freundlichkeit. Das Reden der Menschen hörte sie nicht. Schnell kannte man sie in der Stadt, in der alles auffällt, was länger als zwei Wochen verweilt, und schon bald grüßten die Verkäufer in den Läden sie mit ihrem Namen. Leicht war ihr, getragen von der familiären Liebenswürdigkeit der kleinen Stadt, die, eigentlich zu provinzieller Borniertheit geboren, so offen war, so voller Kultur, wie das Modell einer besseren Welt. Sie saß unter den Lauben am Frauenplan und sah die Touristen, die in Bündeln das Goethe-Haus betreten durften, auf daß es sich nicht übergäbe, und freute sich, daß all die Studienräte und Kunsthistorikerinnen wieder abreisen mußten, während sie bleiben durfte.

25 TAGE DAVOR Sie malte Bilder oder sang Lieder, es ist egal an dieser Stelle, irgendetwas machte sie, das keiner benötigte und sie tat es lauter, als es gut für die kleine Stadt gewesen wäre, oder bunter oder größer. Und glaubte doch, das die Atmosphäre der kleinen Stadt ihr gut täte, spürte das Zischeln nicht, die Augen nicht, ging strahlend durch die Stadt, freute sich an den jungen Menschen, die in den autonomen Cafés saßen und die Welt neu erfinden wollten, dachte an Künstlerkolonien, an Worpswede, an Santa Fé, sie hatte das Gefühl, im Bademantel durch ihre Wohnung zu laufen, so gemütlich war es ihr, durch die Gassen zu schleichen. Manchmal hatte sie Kopfschmerzen, und dachte, daß etwas mit der Luft nicht in Ordnung sei. Doch das verging ihr rasch wieder, das komische Gefühl.

20 TAGE DAVOR Sie hatte zwei Frauen reden hören. „Die alte Drecksau stinkt, wenn sie nur die Beine aufmacht“, sagte die eine. Die ist so blöd wie sie aussieht, erwiderte die andere. Minuten später merkte sie, daß die Frauen von ihr gesprochen hatten. Das verunsicherte sie, und sie lief schneller durch die Stadt. Sie sah Ablehnung in den Augen der Menschen, merkte, daß einer vor ihr ausspuckte. Sie brauchte einige Zeit, um sich zu sammeln und sagte sich dann, daß es dumme Menschen doch überall gäbe, daß sie doch schon immer ein Außenseiter gewesen, daß die Menschen vernichten wollten, was ihnen Angst macht, von der Norm abweicht. Doch das schlechte Gefühl an jenem Tag verließ sie nicht, und die Häuser der kleinen Stadt schienen auf einmal enger zueinanderzurücken, als wollten sie ihr den Weg versperren.

10 TAGE DAVOR Sie hatte sich an die Geschichte der Stadt erinnert, die keiner heute mehr kennen mochte. Das kurze Aufbäumen gegen ihr provinzielles Schicksal, doch schon nach Goethe war das wieder vorbei, waren alle gescheitert, die die Stadt beleben wollten, denunziert, verraten, aus der Stadt getrieben. Liszt, Harry Graf Kessler, das Bauhaus, verspottet in der Zeitung der Stadt, auf den von Kleingeistern gefüllten Seiten, vertrieben, mit Steinen aus der Stadt gejagt, alle, außer Hitler. Sie erfuhr über die Gesetzmäßigkeiten kleiner Residenzstädte, die machen, daß die Menschen Lakaien sind, die auf einen neuen Führer warten. Einen Monarchen, einen Diktator, gleich was, das sie lenken könnte, wozu sie aufschauen mögen. Und die Residenzstadt mit dem kulturellen Hintergrund, auf dem sich wohl ausruhen ist, sich keiner anstrengen muß, der macht Selbstzufriedenheit und verwehrt allem, was nach Anarchie riecht, den Eintritt. Als die Weimarer nach Kriegsende zum KZ Buchenwald getrieben wurden, um sich Knochen anzusehen, weinten manche. Um schon kurz danach wieder nichts zu wissen, vom KZ, von den Toten. Es war wohl doch alles nicht so schlimm gewesen. Schlecht schlief sie in jener Nacht, um eine Angst in ihr, die ihr den Schlaf verwehrte, und deren Ursprung sie nicht genau hätte benennen können, denn draußen auf dem kleinen Jakobskirchhof sangen Vögel, doch vielleicht waren es keine Vögel, sondern Maschinen, was denke ich, dachte sie, ich will doch nur meinen Frieden finden. Und in der Nacht sah sie sich laufen, verfolgt von den kleinen Häusern, den kleinen Bürgern, die Treppe zum Schloßturm nehmen, und alle klatschten, als sie ihren Körper der Ruhe übergab.

Sie lag vor dem Schloßturm. Auf dem Platz davor, das Gesicht auf den Steinen, im Dreck, und die ordentlichen Bewohner der Stadt, die selbst, wenn sie sich als Künstler verkleiden, noch nett anzusehen sind, standen um sie herum, schweigend, und sie erwachte aus dem Traum, die Luft so süß, und dachte kurz benommen, ich muß hier weg, so schnell es geht. Und schlief darüber ein, tief wie bewußtlos.

5 TAGE DAVOR Mißtrauisch ging sie durch die Stadt. Die drolligen kleinen Häuser schienen ihr wie Pappfassaden, hinter denen das Böse wohnt, vielleicht wohnt Hitler noch hier, ist gar nicht tot, und sie spürt, daß sich ihr Geist verwirren wollte. Hinter den Fenstern Blicke durch die Gardinen, die ihr folgten, Touristen, die muffig rochen nach der Zufriedenheit des gebildeten Bürgers, die durch die Straßen liefen, keiner schaut sich Buchenwald an, es verträgt sich nicht mit dem Bild der Kulturstadt. Kulturstadt Europas jetzt. Noch mehr Farbe auf die bröckelnde Fassade, noch mehr Konzerte im Schloßhof, und die Kunst auf die Bühne. Selbstgefällige Professoren, Heimatkünstler, die die Tage in Cafés versitzen wie bezahlte Kulissen, Bildungsbürger, Kleinstadtkönige, und fast ist ihr, als spüre sie einen Stein im Rücken. Die, die anders sind, gehen, wenn sie noch können, wenn sie nicht gelähmt sind, durch die Gasse der Zufriedenheit, die die kleinen Häuser absondern – die Bibliothek ist so schön, und in unserem Theater, da tanzt sogar ein Neger.

Und die Jungen, die sich aufbäumen, kurz, gegen das Gift, vielleicht schaffen einige die Flucht, gehen in die Welt, aber sollten sie zurückkehren, stolz wird keiner auf sie sein. Fast meint sie, Gas riechen zu können, die Sonne scheint zu hell.

20 TAGE DANACH Da geht sie. Sie hat ein unauffälliges Kleid an, sie trägt eine Brille. Sie hat ein Theaterabonnement und träumt von einem Platz später im Seebach-Stift. Sie geht lächelnd durch die kleine Stadt und schreibt Gedichte über sie, malt Aquarelle und redet gerne mit einem befreundeten Musikprofessor. Sie hat sich einer Gesellschaft angeschlossen, die das Kulturgut pflegt. Sauber hält von negativen Einflüssen. Das sind alle.

Sie ist stolz auf Bauhaus. Stolz auf Goethe, als wäre er ihr Geliebter, dem sie die Ehre im Himmel zugesichert. Manchmal sagte sie, daß hier alles so borniert sei, aber es ist, wie über das Wetter schimpfen. Sie nimmt tiefe Züge der Luft, die hier süßer schmeckt als anderswo.

Sibylle Berg, *1962 in Weimar geboren und aufgewachsen, lebt als freie Autorin in Zürich. Im Herbst 1999 erscheint ihr Roman „Amerika“ im Hoffmann und Campe Verlag.*
Tina Hager, *Jahrgang 1964, lebt als Fotografin im US-Bundesstaat Washington.*

Die Welt in einem

STAHLERZEUGUNG IN MIO. TONNEN	Erzeugung	Beschäftigte
Rekordjahr 1974	60	300 000
1997	46	110 000

STEINKOHLEFÖRDERUNG IN MIO. TONNEN	Erzeugung	Beschäftigte
Rekordjahr 1956	150	607 000
1997	47	110 000

Öl zum Überleben:
Auch in Algerien sprudelt das Öl. Aber unverändert ist das Land auf Hilfe von außen angewiesen

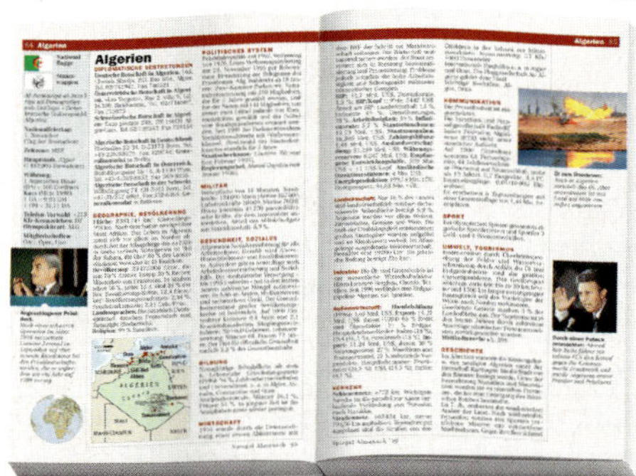

National flagge

Staats-wappen

Al-Jumhuriya al-Jaza'i-riya ad-Dimuqratiya ash-Sha'biya – Demokratische Volksrepublik Algerien

Nationalfeiertag: 1. November (Tag der Revolution)

Zeitzone: MEZ

Hauptstadt: Algier (1 483 000 Einwohner)

Währung: 1 Algerischer Dinar (DA) = 100 Centimes
Kurs (Mitte 1998):
1 DA = 0,03 DM
1 DM = 32,71 DA

Telefon-Vorwahl: +213
Kfz-Kennzeichen: DZ
Olympiakürzel: ALG

Mitgliedschaften: OAU, Opec, Uno

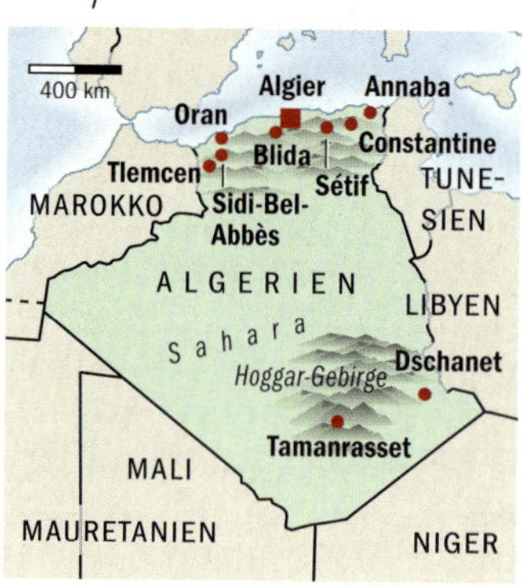

Schnell:
Der TGV rast mit 300 km/h durch Frankreich und ist zugleich ein großer Exportschlager

Große Weine:
Die Roten von Château Pétrus sind oft die besten und meist auch die teuersten

Der SPIEGEL-Almanach '99 setzt neue Maßstäbe - in der Dokumentation, Präsentation und Analyse. Auf 640 vierfarbigen Seiten, mit über 1.500 Abbildungen, Schaubildern und Grafiken sowie modernster Kartographie. Dazu eine CD-ROM mit ergänzenden Informationen.

Die Denkmäler Weimarer Persönlichkeiten müssen im ACC für moderne Kunst den Kopf hinhalten

Mit Teamgeist bewältigt das ACC ein riesiges Veranstaltungsprogramm

Von wegen Klassik – im Autonomen Cultur-Centrum (ACC) provoziert Kunst der Gegenwart den Weimar-Besucher. Eine engagierte Gruppe junger Leute hat noch zu DDR-Zeiten ein altes Haus am Burgplatz besetzt und zu einem Treffpunkt für die Moderne verwandelt. Mit pfiffigen Ideen und Mut hat der Kunstverein Erfolg: Die Attacke aufs kulturell verschlafene Bürgertum der Stadt gelingt

Das Kunst-Stück

Text: Kersten Wetenkamp, Fotos: Wulf Brackrock

Freche Kunstwer

Im Treppenhaus folgen Besucher Goethes Spuren – und entdecken junge Kunst

Am Anfang ahnt man nichts Böses. Ehrwürdige Klassik allenthalben: „Hier wohnte Goethe 1776-77", steht klipp und klar auf einem Schildchen über der Eingangstür. Ein schlichtes, dreistöckiges Haus mit Walmdach, Sprossenfenstern und grün-weißem Portal. Denkmalgeschützt. Davor Holzstühle und Cafétische. Ab und zu rollt eine Pferdekutsche mit Touristen übers Kopfsteinpflaster.

Ganz wie's sich gehört, denkt der Weimar-Besucher: Hier bin ich Gast, hier darf ich's sein. Stolpert in die Falle und setzt sich an den Tisch des als Café getarnten Kunstvereins ACC am Weimarer Burgplatz. Ein paar Augenblicke kann er noch gedanken- und zeitverloren den Turm des Residenzschlosses gegenüber betrachten oder die Anna-Amalia-Bibliothek. Aber dann ist Schluß.

Nun nämlich passiert das Unerwartete. Kaum hat der Gast den Terrassenplatz verlassen, um im Caféhaus – eher eine Studentenkneipe – ein warmes Plätzchen zu finden, stoßen ihn Plakate vor den Kopf und reißen ihn aus jeder Goethe-Betrachtung in die Gegenwart. „Weimar den Weimaranern", steht da auf einem der Foto-Poster: Drei edle Jagdhunde, reinrassige Weimaraner im Bademantel, blicken hochmütig auf den Gast herab. Daneben, noch schlimmer: Ein bildhübscher, nur mit Halstuch bekleideter Jüngling hält sein bestes Stück in der Hand und läßt es auf bunte Blumen regnen. Fröhlicher Wahnsinn – oder Kunst.

Ausgerechnet hier. Weimar ist doch die Stadt der deutschen Klassik. Kunst – das sind die Porträtbilder von Goethe und Herder, Schiller und Wieland; das sind die Maler Angelica Kauffmann und Johann Heinrich Tischbein, das ist das wie in Marmor gemeißelte Motto Johann Joachim Winckelmanns von 1760: „Edle Einfalt, stille Größe."

Nichts da. Der Kulturverein ACC zerschlägt solche Klischees mit der Entschlossenheit wahrer Künstler und mit einer anarchischen Kraft, die nur aus dem Untergrund kommen kann. In zwei Galerien – einer kleineren im Hauptgebäude, einer größeren im Nebenhaus – konfrontiert das ACC die Besucher mit Kunst der Gegenwart.

Zugegeben: In New York, London, Berlin werden die Hunde-Fotos eines William Wegman oder die Fotoarbeiten der New Yorkerin Cindy Sherman häufig gezeigt; auch an die freche Erotik des schwulen Künstlerpaares Pierre und Gilles hat man sich in der Kunstszene längst gewöhnt. Doch in Weimar hat solche Avantgarde noch Biß. Und macht Spaß.

Die Attacke aufs kulturell verschlafene Bürgertum der Stadt hat Frank Motz ausgeheckt. Motz, 33, redet hektisch und ohne Pause und unterbricht sich ständig für einen Gag. Dann fliegen die blonden Strähnen über den Rand seiner

ACC-Gründer Frank Motz kämpft rastlos gegen Traditionen an

großen Brille, und seine Lederjacke knirscht an der Stuhllehne. Motz ist der kreative Kopf des ACC und bestimmt mit Andrea Dietrich (35) die künstlerische Richtung der Galerie.

Die Geschichte von der Entstehung des ACC-Vereins klingt wie eine Legende. „Wir haben am Anfang im Versteck, in der Nische gearbeitet", erzählt Motz. Das Haus am Burgplatz stand fast zehn Jahre lang leer und war vom Verfall bedroht. Auf der Suche nach einer zumutbaren Unterkunft hatten Motz und drei andere Studenten das Haus 1988 entdeckt, besetzt und nach und nach instandgesetzt.

Dort, wo heute Historiker die erste Weimarer Wohnung Goethes vermuten, entstand mit stillschweigender Billigung der DDR-Behörden eine bunte Studenten-WG mit gefährlichen Neigungen zu skurrilen Einfällen. „Wir haben damals überhaupt noch nicht an Kunst gedacht", sagt Motz. Die Studenten sangen einfach nur Weihnachtslieder und organisierten Sonatenabende.

Unversehens entstand dabei ein Raum für freie Kunst. Im Haus gab es nun Platz für Veranstaltungen, die in der offiziellen DDR-Kultur nicht gern gesehen wurden. Folgerichtig gründeten die Kunstfreunde 1988 einen Verein: das Autonome Cultur-Centrum, kurz: ACC.

Von Beginn an waren Ehrgeiz und Anspruch groß. Ersten Ruhm erntete das ACC mit dem „Trümmerfrauen-Event". Um die Zeit von 1945 bis 1948 anschaulich – und fernab der sozialistischen Perspektive – darzustellen, banden sich Studentinnen Kopftücher um und klopften Steine. „Dazu stellten wir Bücher dieser Zeit aus, zeigten Filme, Handschriften und Zeitungsausschnitte", erzählt Motz. Das Spektakel lockte immerhin 200 Zuschauer an.

Solche Erfolge stärkten dem ACC den Rücken – wichtig, um die Wende von 1989 zu überstehen. Bevor Investoren aus dem Westen nach dem Haus griffen, konnten es sich Motz und das ACC mit Hilfe von Spenden sichern und zu einem günstigen Preis kaufen. Im Erdgeschoß wurde ein Café eingerichtet, im zweiten Stockwerk blieb der Wohnraum für drei Studenten erhalten, und ganz oben entstand eine Poeten-Dachstube für Frank Motz, den Hausbesetzer aus der Gründerzeit.

Zwischen Café und WG hat heute die Kunst ihren Platz. In zwei hohen, hellen Räumen im ersten Stock ist die Kleine Galerie untergebracht – mit einer ständigen Verkaufsausstellung von Werken, die in der Regel einen Bezug zu Weimar haben. Man entdeckt interessante Arbeiten von jungen Künstlern, die sich an der Tradition der Stadt gerieben haben.

Der Fotograf Claus Bach (43) reiht, „Kopf an Kopf", die Gesichter der Weimarer Denkmäler aneinander, von Shakespeare bis Nietzsche. Amanda Dunsmore hat Weimarer Straßenschilder gesammelt und sie zu einer großen Fläche zusammengefügt. Naomi Tereza Salmon (33) wehrt sich gegen das Verdrängen der DDR-Alltagskultur – und zeigt 1:1-Fotos vom „Sachsenkoffer", dem üblichen Einkaufsbeutel der DDR-Konsumenten, in den republikweit neun Varianten.

Die kühnste Arbeit ist wohl Claus Bachs „Stadtrundfahrt", Videostills mit Aufnahmen der Weimarer Kanalisation „von der Ackerwand bis zum

Museumsreife DDR-Einkaufsbeutel, fotografiert von Naomi Tereza Salmon

Mit kühnen Einfällen erinnern die Künstler i

„Installation mit Fahnen", ein Werk des Dresdners Bauer

Im ACC-Café trifft sich Weimars Kulturszene – Studenten, Künstler und Poeten der Gegenwart

…ber dafür beste Kontakte und gute Ideen

Frauentor“. Respektloser kann man den Weimarer Stadttourismus nicht auf die Schippe nehmen.

„Follow me!“ Motz führt ein italienisches Fernsehteam ins Nebenhaus des ACC, wo der Kunstverein seit 1995 Räume für Wechselausstellungen gemietet hat. Die Gruppe erklimmt die morschen Stufen eines uralten Treppenhauses und gelangt in die Große Galerie. In gewandtem Englisch geleitet Motz die Journalisten durch die Ausstellung des Dresdners Peter Bauer. Collagen und Installationen sind zu sehen, die Bauer aus DDR-Fundstücken zusammengebaut hat: aus Fotos, Ansichtskarten, FDJ-Fähnchen, roten Flaggen. „Es ist schwierig, gegen die Vergangenheit anzukämpfen“, sagt er mit ernstem Gesicht in die Kamera: „Früher mußten wir uns gegen die Stasi wehren, heute gegen die Schulden. Aber man arbeitet leichter mit dem Geldproblem, das ist wenigstens berechenbar.“

Schulden – nun ja. Motz läßt sich davon nicht seine gute Laune verderben: Schließlich hat ihn die Stadt 1998 für sein kulturelles Engagement mit dem Weimar-Preis ausgezeichnet. „Das Preisgeld von 10000 Mark habe ich gleich dem Finanzamt überwiesen“, sagt spitzbübisch der Geehrte.

Anselm Graubner sieht das Schuldenproblem des ACC weniger locker. Der 30jährige BWL-Student rennt von Pontius zu Pilatus, um Geld aufzutreiben. „Wir kommen knapp über die Runden“, sagt Graubner, „aber es reicht auf Dauer nicht. Wir kämpfen hier ums Überleben.“

Trotzdem: Das ACC erscheint vitaler denn je. Die Bewältigung des gewaltigen Programms grenzt an ein Wunder: Etwa 150 Veranstaltungen gibt es im Jahr, zwölf Ausstellungen, dazu Theaterstücke im stillgelegtem E-Werk, Lesungen und Performances. All das wird hauptsächlich von vier Akteuren bestritten: Frank Motz und Andrea Dietrich, Anselm Graubner und Barbara Rauch. Ihr Einsatz ist das größte Kapital des Vereins. Und die Freundschaften: Studenten, Maurer und Tischler packen mit an, für wenig oder gar kein Geld. Und es gibt gute Beziehungen zur Bauhaus-Universität für Gestaltung, zum Deutschen Nationaltheater, zur Franz-Liszt-Musikhochschule.

„Wenn wir unseren guten Ruf umsetzen könnten, wären wir Millionäre“, behauptet Graubner. Überall gebe es noch unausgeschöpfte Möglichkeiten. Und entwirft rasch einen Finanzierungsplan: Er werde Großmäzene suchen, die Steuern sparen wollen. Vielleicht werde man von Sammlern entdeckt, die beim ACC Bilder kaufen werden. Und wie wäre es mit einer ACC-Aktie?

„Wir haben Kompetenz, die man verkaufen kann“, sagt Graubner. Höre sich das mal einer an von denen, die immer nur über Subventionsstreichungen klagen. Das ACC macht vor, wie das Unmögliche zu erreichen ist. Wahnsinn? Vielleicht. Oder Kunst.

Kersten Wetenkamp, *1966 geboren, ist Redakteur beim Magazin* New World *in Hamburg.*
Wulf Brackrock, *1942 geboren, arbeitet in Hamburg als Fotograf für internationale Magazine.*

MERIAN TIP ACC

ACC WEIMAR E.V.
Galerie und Café
Burgplatz 1 und 2
Tel. (036 43) 85 12 61
Fax 85 12 63
Internet:
http://www.uni-weimar.de/acc
E-mail:
ACC_Weimar@t-online.de
Öffnungszeiten:
Café tgl. 11 bis ca. 24 Uhr
Galerie Di - So 12 - 18 Uhr
Führungen werden sonntags um 15 Uhr veranstaltet

Junge japanische Kunst: „Beer, Sex, My Life“ von Hiroyuki Matsukage

Rockmusiker Kani: Früher Auftrittsverbote, heute Welttourneen

Lebensläufe mit Umwegen

Text: Renate Häselbarth, Fotos: Jim Rakete

Exponiert die einen, still die anderen und mehr oder weniger präsent in der Öffentlichkeit, sind sie Mitwirkende im Alltag Weimars. MERIAN stellt sechs Menschen dieser deutschen Kleinstadt vor

Fotografin Naomi Tereza Salmon: Dokumentationen zu Buchenwald und zum Weimarer Lebensrhythmus

 Pensionswirtin Susanne Haaré: Nicht einfach Gastgeberin, auch kultivierte Gesprächspartnerin

Clubmanager Andreas Graumnitz: Herr der Karibischen Nächte

Weimarer mit Talent, Kreativität, Berufung und Liebe zur Sache. Anzutreffen in der Nachbarschaft, rund um den Schloßturm

Schirmmacherin Annelies Pennewitz: Knicker, Knirpse und mehr

Kutscher Gunter Grobe: Touren mit zwei PS durch die Stadt und über Land

Sucht nach dem Sound der Sechziger, Sinn für den Herzschlag der Stadt

Rockmusiker Kani

On the Road again

Wenn Weimar rockt, ist Kani nicht weit. Schrilles Outfit, Rockerbrille, pomadiges Blondhaar, buschiger Schnauzer, spitze Lackschuhe – alles ganz „verschärft". So entfesselt das Rocker-Urgestein sein Publikum seit mehr als dreißig Jahren. Wo Kani in die Klampfe haut, da brennt die Luft.

Es fing an in den Fünfzigern, als sein Bruder heiße Scheiben von Bill Haley aus Westberlin mitbrachte. Fats Domino, Chuck Berry und Little Richard wurden Vorbilder für Bernhard Kanhold, der Rock 'n' Roll zum Lebenselexier, die Show zum Leben selbst.

Westklamotten, lange Haare, große Klappe, die dekadente Musik des Klassenfeindes – zuviel für die DDR-Obrigkeit. Wegen Lappalien festgenommen, wurden ihm in der U-Haft die Haare geschoren, erhielt er Auftrittsverbote, einmal „auf Lebenszeit". Heute kann er über diese Schikanen nur lachen, damals war es nicht lustig.

In der Weimarer Gruppe „Elephant" schaffte der gelernte Maler und Tapezierer den Einstieg in die Profiliga; Anfang der Achtziger, als es in der Provinz immer miefiger wurde, ging er nach Berlin zu „Fritzens Dampferband".

Nach Weimar aber kehrte Kani stets zurück. Auftritte im Studentenclub Kasseturm boten Schutz und eine treue Fangemeinde, wilde Storys von Skandalen und Exzessen erzählt man sich noch immer gern. Einmal ließ sich Kani auf der Bühne symbolisch einsargen, um der sozialistischen Doktrin „der Rock 'n' Roll ist tot" seine Botschaft um so lauter und frecher entgegenzuschmettern: „Long live Rock 'n' Roll".

Heute tourt Kani mit der Gruppe „Rest of best" durch die Welt – die Freiheit macht's möglich, und Kani singt ihr Lob in höchsten Tönen. Bisheriger Höhepunkt war Nagano während der Olympischen Winterspiele 1998. Da brachte Kani selbst die zurückhaltenden Asiaten außer Rand und Band.

Sein bestes Heimspiel hingegen hatte Kani beim Kunstfest, als er – man höre und staune – Schubert-Lieder sang. Der alte Rocker beherrscht auch die leiseren Töne.

Fotografin Naomi Tereza Salmon

Zwischen den Fronten

Sie kennt den Himmel über Jerusalem und den Himmel über Weimar. Immer wieder hat sie beide fotografiert. Strahlend blau den einen, in schwerem Novembergrau den anderen. Seit 1994 lebt Naomi Tereza Salmon in Weimar. „Weimar-Jerusalem / Jerusalem-Weimar" nannte sie 1996 ihre Fotoausstellung, die Vergangenem und Gegenwärtigem auf der Spur war. „Beide Städte sind mythisch besetzt und überhöht, beide sind gebrochene Versprechen, an beide will Hoffnung immer wieder anknüpfen", sagt die junge Israelin.

Ihre fotografische Recherche begann in Buchenwald. Dort fotografierte Naomi Tereza Salmon 1989 im Auftrag der Holocaust-Gedenkstätte Yad Vashem Relikte der Opfer der Todeslager. Was als rein archivalische Aufgabe verstanden sein wollte, geriet ihr zu einem erschütternden Dokument: „Asservate" – unerbittlich akkurat fotografierte, durch ihre Vereinzelung der Anonymität entrissene Zeugnisse des Verbrechens, die sich in die Erinnerung eingraben.

Naomi Tereza Salmon hatte ihre künstlerische Handschrift gefunden, ihre Methode, zu sehen und „sehend zu machen": in sachlicher Nüchternheit abgelichtete Bildserien, die wie die Schnitte einer Computer-Tomographie Wirklichkeitsschichten freilegen. Sie fotografierte mit dem sicheren Blick fürs Typische eine Unmenge bunter Einkaufs-Stoffbeutel, wie es sie nur hier im Osten gab und noch gibt. Sie reihte „Souvenirs" aneinander, die als Mischung aus Kulturgeschichte und Kitsch in Weimar vor allem eine Botschaft tragen: Goethe und Schiller und Schiller und Goethe. Das Weimar ihrer Ankunftszeit gibt es schon nicht mehr, weiß die Fotografin, die die schnellen, nicht nur beglückenden Veränderungen erlebt und festhält. Und sie spürt die tiefe Kluft zwischen den hier lebenden Menschen und der „Kulturstadt und ihren Gästen". Nicht Ossi, nicht Wessi, bewegt sie sich zwischen den unsichtbaren Fronten und sieht umso schärfer.

Pensionswirtin Susanne Haaré

In Gärtners Bett

Nummer 8 ist das gefragteste Zimmer bei Susanne Haaré. Marlene Dietrich wohnte hier. Wo sie logierte, als sie im zarten Mädchenalter an der Weimarer Musikschule Geigenunterricht nahm, haben das Goethe-Institut und die Marlene Dietrich Collection Berlin eine Fotoausstellung eingerichtet.

Als hätte dieses Haus noch eines Trumpfes bedurft, um in historischem Glanz zu strahlen! „Ackerwand 27" ist die Adresse von Susanne Haarés „Fremdenheim", besser bekannt als Haus der Frau von Stein. Ob Charlotte mit dem Geheimrat tatsächlich und wann und wo und ob die Lichter im Fenster des Nachts hinüber ins Gartenhaus leuchteten, um ihn zu rufen? Frau Haaré hält's für puren Unsinn.

Seit einem halben Jahrhundert lebt die alte Dame in diesem Haus, das sie hegt und pflegt und belassen hat, wie es immer war. Hier schläft man im Bett des Hofgärtners Sckell, läuft auf schweren breiten Holzbohlendielen aus dem 17. Jahrhundert, sitzt am Biedermeiertisch und macht Morgentoilette mittels Wasserkrug und Schüssel. Wer's modern mag, sagt Wirtin Haaré, findet anderes. Ihre Gäste kommen wieder, aus der ganzen Welt.

Saßen die Gäste auch anfangs, 1948, auf Margarinekisten, so wohnten sie doch in „klassisch geweihten" Räumen. Die sind heute mit mühsam erworbenem und liebevoll restauriertem alten Mobiliar ausgestattet. Daß Frau Wirtin alle Geschäfte des Hauses allein besorgt, vom Brötchenholen bis zur schöngeistigen Konversation, gehört einfach zur Kunst, Gastgeberin im besten Sinne zu sein.

Die weit über die Stadt hinaus bekannte Wirtin ist täglich beim Spaziergang mit ihren zwei Möpsen anzutreffen. Die reizten einst Loriot zum Porträtieren. „Möpse kann nur ich", sagte er, als er ihnen im Park begegnete. Sprach's, zeichnete und schenkte Susanne Haaré ein Original-Loriot-Mopsgesicht, das selbstverständlich seinen Platz in der Pension fand – in gehörigem Abstand zum Porträt des jungen Goethe, versteht sich.

Mut zum Risiko in der Szene, Lust beim Lenken eines Gespanns

Clubmanager Andreas Graumnitz

Im Gegenwind

Salsa, Samba, Soul – bei Bedarf bis morgens um fünf. Karibische Nächte in Weimar. Es ist ein Gegenwind, der jeden Samstag aus dem C 1 dringt, ein warmer Wind gegen den mitunter kalten Hauch der Klassik, der durch diese Stadt weht. Das C 1 in der Carl-August-Allee ist der erste und einzige Privatclub Weimars, gegründet von Andreas Graumnitz, ehemals Profi-Musiker der Gruppe Dreifuß.

Als Graumnitz 1990 seine erste Kneipe, das italienisch inspirierte Scenario in der Carl-August-Allee eröffnete, hätte man ihn für verrückt erklären können: die Gegend war wahrlich nicht die Sahne-Seite der Stadt. Aber der gastronomische Seiteneinsteiger hatte den richtigen Riecher. Er ignorierte die auch in Weimar tümelnde Thüringer Gemütlichkeit, setzte auf internationales Flair – und sich durch. Zur Freude der Gäste aus aller Herren Länder und der jungen Weimarer. Sein Konzept ging auf: Essen, Kunst und Livemusik. Regelmäßige Ausstellungseröffnungen im Scenario; Jazz- und Clubabende, Kleinkunst und Salsa-Parties im C 1. Zwei Kneipen im Abstand von 200 Metern in einer Straße, die immer reizvoller und schöner wird. Graumnitz war clever. Vor allem aber eins: risikofreudig.

Vom Studenten bis zum Steuerberater, bei Graumnitz trifft sich, wer die kulinarischen Genüsse sucht. Und der Wirt, der auch noch eine Künstleragentur betreibt, mischt sich jeden Abend unter die Gäste.

Die Wende für den klassisch ausgebildeten Tanzmusiker kam mit der Wende. Er war mit Dreifuß auf Tournee in Trier und Luxemburg, als am 9. November '89 die Mauer fiel. Die euphorisierte West-Journaille stürzte sich auf den weltläufigen Ossi. Schon am 10. November konnte Graumnitz im RTL-Frühstücksfernsehen die neue Zeit begrüßen. Heute ist die Musik zu einem Hobby geworden, aber einmal im Jahr kann man den legendären Dreifuß live im C 1 erleben: a capella und im Sound von Crosby, Stills, Nash & Young.

Schirmmacherin Annelies Pennewitz

Unterm Regenbogen

Wer in höfischer Zeit die „Schirmsprache“ verstand, konnte sein Glück nicht verfehlen. Offener Schirm, nach vorn schnell gedreht, bekannte: „Ich liebe dich“. Annelies Pennewitz weiß nahezu alles über den Schirm.

Als das einzige deutsche Schirmmuseum im Beisein vieler Mitglieder des Verbandes deutscher Schirmfachgeschäfte im kleinen Laden von Frau Pennewitz in der Rittergasse eröffnet wurde, war den Experten nur ein weiteres bekannt: in Gignese am Lago Maggiore. Verwunderlich, meint die Weimarer Fachfrau, da der Schirm im Orient schon vor mehr als dreitausend Jahren in Gebrauch war. In seiner erstaunlichen Vielfalt sei er doch bestens geeignet zu einem vergnüglichen Gang durch die Geschichte von Handwerk, Mode, Design und Kunst.

Also lädt Frau Pennewitz nun persönlich zur Retrospektive von Spitzweg bis Christo, zu „Knicker“ und „Knirps“, Sonnen-, Stock-, Kuchen- und Puppenschirm, zierlichen Seidenparapluies und schweren Samtschirmen, ergänzt durch Mode-Accessoires, Bilder und Texte.

Frau Pennewitz, die vom Gestellmachen über das Nähen bis zum Drechseln des Griffs alles erlernte, hatte als Achtzehnjährige das Geschäft des verstorbenen einzigen Weimarer Schirmmachers übernommen, bald selbst die Meisterprüfung abgelegt und von 1966 an ihren Privatbetrieb mit bis zu zehn Beschäftigten geführt. 1986 konnte sie ihre Kostbarkeiten in einer Ausstellung präsentieren, und seither verwandelt sie immer wieder ganze Säle und Galerien in historische Schirm-Landschaften.

Kürzlich baten Leute vom Film Frau Pennewitz um Beratung, da man für „Die Braut“ mit Veronika Ferres alias Christiane Vulpius einen passenden Schirm suchte. Denn natürlich hatte auch Goethe, modischen Dingen durchaus zugetan, für Christiane „so ein kommodes Ding zum Knicken“, wie er es im *Journal des Luxus und der Moden* gesehen hatte, aus Karlsbad mitgebracht.

Kutscher Gunter Grobe

Hoch auf dem gelben Wagen

Stil hat er. Bitte keine Imitation, nicht Wien, nicht Salzburg. Weimarisch muß es sein, „irgendwie klassisch“. Das richtige Flair, sagt Gunter Grobe, beginnt mit dem Anzug. Also wirft er sich mal in den „Stresemann“, mal in barocke Kleidung, und auf der Hochzeitskutsche trägt er schwarzen Rock und weiße Fliege. Zylinder oder Melone je nach Anlaß. Markenzeichen: roter Schal. Grobe ist immer tipptopp, und seine Pferde auch.

Am Neptunbrunnen auf dem Marktplatz läßt er seine Fahrgäste die schöne alte Vis-à-vis-Kutsche aus dem 19. Jahrhundert besteigen, und dann geht's mit zwei Pferdestärken durch Stadt und Park. So man wünscht, bis Tiefurt und Belvedere.

„Volontaire“ und „Vassili“, schwere Warmblüter aus der Rhön, hören auf „meine Herren“ oder auf „Chéri“. Sie kennen jeden Halt, auch vor Herders Stadtkirche, wo die Gäste Grobes Geschichten lauschen. Die folgen wohl nicht immer wortgetreu verbürgter Stadtgeschichtsschreibung, sind dafür gewürzt mit einer deftigen Portion individueller Kenntnis und Erfahrung.

In Goethes Park durften Grobes Kutschen nicht immer und überall fahren. Die Sorge um die gepflegten Wege ist aber inzwischen ausgeräumt. Was auch, sagt Grobe, wäre eine Weimarer Kutschfahrt ohne den Park!

Die Vorliebe für schöne Pferde hat Gunter Grobe vom Vater, der sein kleines privates Fuhrunternehmen mit Geduld und Geschick durch die Zeiten lenkte und selbst noch ab und an auf dem Kutschbock sitzt.

Pferdezucht war der Berufswunsch des Sohnes, doch ganz wenigen war der staatlich gelenkte Zugang zur Ausbildung möglich. So lernte Gunter Grobe in der Gastronomie, schloß ein Fachschulstudium ab und war bis Mitte der achtziger Jahre Restaurantleiter im Hotel Elephant. Diese Zeit, sagt er, möchte er nicht missen. Dennoch wechselte er in den Betrieb des Vaters. Inzwischen führt er ihn selbst. Ganz auf Weimarer Art: mit „Reisen wie zu Goethes Zeiten“.

„Ich weiß, daß ich dieses ein Jahrhundert und zwei Kontinente umspannende Buch nicht aus der Hand lassen werde, bis zur letzten Seite.“

Dietrich Fischer-Dieskau

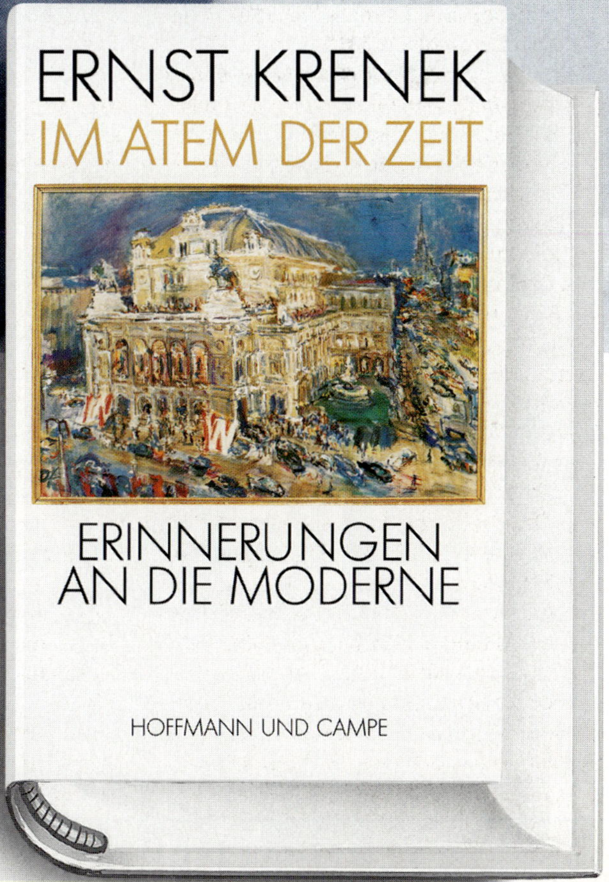

Eine bedeutende Entdeckung für die deutsche Memoirenliteratur dieses Jahrhunderts. Mit seinen aus dem Nachlaß veröffentlichten Erinnerungen gewährt der Komponist und Schriftsteller Ernst Krenek dem Leser einen einzigartigen Einblick in die kulturelle Blütezeit der 20er und 30er Jahre und zeichnet zugleich ein Porträt der modernen Kunst und Musik, die von den Machthabern des Dritten Reiches zerstört wurde.

1040 Seiten inkl. Abb., gebunden
DM 98,- / öS 715,- / sFr 89,-

HOFFMANN UND CAMPE

Die Verführung

Weimar lebt das Dasein einer normalen ostdeutschen Kleinstadt. Aber nur auf den ersten Blick. Der Übermacht der Unsterblichen kann niemand entkommen

von Weimar

Text: Otmar Jenner, Fotos: Jordis Schlösser

In Weimar kann man sich weder verpassen noch aus dem Weg gehen. Der Marktplatz, ein Geborgenheit vermittelndes intimes Geviert, ist die gute Stube der Stadt – aber nur bis abends um sechs. Nach den Kehrmaschinen kommt nichts und fast niemand mehr

Da kommt Lotte. Mit zwanzig wirkt sie wie frühzeitig aus dem Nest gefallen. Die schwarzen Locken ungeordnet im Gesicht, den knöchellangen Rock mit einer Hand gerafft. So rauscht sie durch die Gaffer, die sich auf dem Marktplatz wie tanzende Derwische im Kreise drehen. Schon erregt sie Aufmerksamkeit. Blicke folgen ihr. Jemand pfeift ihr nach. Sie läßt sich nicht aufhalten. Und während sie mit wehenden Kleidern und abwesendem Lächeln an Touristen vorübereilt, wedelt sie mit den Armen und wirft die Hände von sich wie ein Vogel, der mit den Flügeln schlägt, wenn er Anlauf zum Fliegen nimmt.

„Da kommt Lotte", sagt der Junge am Nachbartisch. Es ist einer der letzten warmen Tage. Der Ratskeller hat die Tische noch mal rausgestellt, „...unsere Sehenswürdigkeit", ergänzt sein Gegenüber, ein Mensch mit winzigen Ohren und einem T-Shirt, auf dem groß Weimar steht. „Sie läßt niemanden an sich ran", erwidert der Junge mit klarer Stimme, bemüht, seinen Dialekt zu verstecken. „Man könnte meinen, sie ist nicht von dieser Welt." Der Mensch im T-Shirt blinzelt die Sonne an und streicht mit beiden Händen den Schriftzug auf seiner Brust glatt. „Sondern bloß der Traum von einer Frau, 'ne weibliche Utopie."

„Wenn es sie nicht gäbe, müßte man sie erfinden", grinst der Junge. Das T-Shirt legt sich in Falten bis der Schriftzug nicht mehr zu lesen ist. „Ja", sage ich, „sie ist fast zu schön, um wahr zu sein."

Das war gestern. Heute hat sie mir die Stadt gezeigt. Frisch gestrichene Fassaden. Einen Kerl mit Grünspan im Gesicht auf einem Pferd und einen goldenen Ritter, der ein Museum bewacht. Der Ritter ist gestalterisch mißlungen und sieht aus wie ein Mittelding zwischen einem Astronauten und dem Michelin-Männchen, was in einem weiteren Sinne aber wieder paßt, denn irgendwie ist Weimar eine Mondlandschaft, meint meine Führerin. Ein Riesenkrater, den der kulturelle Einschlag der Herren G. und Sch. hinterlassen hat.

Das Loch ist so tief, daß ein gewöhnlicher Sterblicher mittlerer Intelligenz nicht den Grund erkennen kann. Man muß nur daran denken, schon zieht es einem den Boden unter den Füßen weg. Und deshalb irren Besucher bloß kulturbekifft durch die Stadt. High von soviel dichterischer Größe und stoned wegen der Schwere der versteinerten Gedanken, taumeln sie durch die Gassen und stöhnen und schmachten und sagen im Geiste Verse auf als wären es Mantras. Die Bewohner haben natürlich längst dichtgemacht. Wollen nichts mehr hören davon, versuchen an was anderes zu denken oder gar nicht. Bloß nicht an Weimars berühmteste Leichen. Längst verwest, sind die mehr am Leben als sie. Da kann man noch soviel schmusen und schnäbeln und saufen und lachen und sich amüsieren, in keinem Moment fühlt man sich so heilig und grandios und so da wie die. Das ist die Übermacht der Unsterblichen, und

Maler, Maurer und Stukkateure wird das Gesamt-Ensemble Weimar noch viele Jahre lang beschäftigen – ob als Restauratoren fürstlicher Baudenkmale (rechts: Hof des Wittumspalais) oder bürgerlicher Wohnhäuser (links: Haus in der Schloßgasse). Nur das Tempelherrenhaus im Park an der Ilm (unten), 1945 durch Bomben schwer beschädigt, bleibt Ruine

Bürger und Fürsten als Nachbarn

St. Peter und Paul, Herder und die

Das historische Zentrum Weimars ist der Herderplatz. Hier kreuzten sich die Durchgangsstraßen. In der Tradition von Handel und Wandel zu Füßen der Bronzefigur Herders vor der Stadtkirche St. Peter und Paul stehen heute die Fliegenden Händler

Refugien und Reservate im Abseits

Ilmaufwärts der 350 Jahre alten Sternbrücke (oben) beginnt das Naherholungsgebiet der Stadt, der Park an der Ilm. Zu den Idyllen anderer Art zählen das von Autonomen besetzte Haus Gerberstraße 3 (links) und die eher romantische Seifengasse (rechts) – beides von der Ilm nur einen Steinwurf entfernt

alle Mickerwesen müssen vor ihnen in die Knie gehen. Sich verbeugen, jederzeit und überall. Dieser Demütigung kann in Weimar niemand lange entfliehen. Das geht ins Kreuz wie ein Hexenschuß. Sagt meine Führerin, und ich denke, sie hat recht. Manchmal stoßen Besucher auf ihren Irrwegen mit Bewohnern dieser Stadt zusammen, und was dann passiert, ist pure Magie.

Am Abend meiner Ankunft rennt ein Bildungshippie, Zopf im Nacken, den Faust unter dem Arm, natürlich sündhaft teuer in Schweinsleder gebunden, direkt vorm Bahnhof in eine Losverkäuferin hinein. Sie will ihm ein Los andrehen. Er winkt mit höflichen Verrenkungen ab, zeigt auf das Buch und fragt: „Bittschön, wo geht's hier zum Grab des Herrn Goethe?" Sie: „Was wollen sie da so spät?" Er: „Beten." Sie beschreibt ihm den Weg, er küßt ihr zum Abschied die Hand.

Ich hefte mich an seine Fersen. Der Hippie hat eine Taschenlampe dabei und liest im Gehen, laut und mit verschiedenen Stimmen, was einigermaßen gespenstisch klingt. „Still! Still! Ich komme, dich zu befreien", brummt er und fistelt: „Bist du ein Mensch, so fühle meine Not!" Jetzt wieder der Baß: „Du wirst die Wächter aus dem Schlafe schreien!" Je näher wir ans Zentrum kommen, umso leerer werden die Straßen. Als der Hippie vom Theaterplatz in die Schillerstraße biegt, ist außer ihm kein Mensch mehr zu sehen. „O laß uns knien, die Heiligen anzurufen", deklamiert er, und ich beschleunige meine Schritte, um ihn einzuholen. Ich muß ihm wohl Angst eingejagt haben, jedenfalls geht er ebenfalls schneller, liest auch schneller, was sich in etwa so anhört, als würde eine Schallplatte zu schnell abgespielt. Kurz darauf kommen wir an meinem Hotel vorbei. Ich lasse ihn allein weiterziehen. Als ich längst im Bett liege, höre ich Gretchens Stimme plötzlich wieder unter meinem Fenster. Mitten in der Nacht kommt Faust dann noch mal vorbei. Ich schließe daraus, daß der Hippie draußen im Kreise läuft, weil er das Grab nicht gefunden hat.

Ich rotiere innerlich, kann nicht schlafen, an der Wand gegenüber hängt ein Elefant in Öl und sieht mich böse an. Gleich wird er durch meine Seele trampeln und deutsche Klassiker trompeten, die er dank seines viehisch guten Gedächtnisses auswendig kann. Vielleicht hat Hitler vor mir in diesem Hotel, in diesem Zimmer, in diesem Bett gelegen und nicht schlafen können, hier wie ich auf den gottverlassenen Marktplatz hinuntergeschaut, das Cranach-Haus mit seinen fleischfarbenen Putten im Gesims, das Rathaus mit seinen rostroten Zinnen, die Apotheke gab es damals wahrscheinlich noch nicht – das hat der Adolf womöglich getan, sich aus purer Langeweile dann entschlossen, noch was zu arbeiten und die Pläne für Buchenwald entworfen, das Lager auf dem Buchenhügel oberhalb der Stadt.

Denn wie jeder Besucher, der nach Goethe und Schiller kam, hat auch Hitler sich gleich in Weimar verliebt. Wie seine großen Vorgänger wollte er der Stadt was Großes hinterlassen, ein Zeichen setzen, schöner als ein Gartenhaus oder ein August auf einem Pferd, weshalb er in Weimar die Hitlerjugend gegründet hat, wegen der Eins-A-Zuganbindung das Lager Buchenwald, und von Albert Speer in Wurfweite des Bahnhofs das sogenannte „Gauforum" bauen ließ, das Zentrum der thüringischen Nazibürokratie. Dafür haben die Weimarer den Führer geliebt. Das Forum, Beweis jenes Einvernehmens, steht heute noch. Und was von der Liebe übrig geblieben ist, die heutige Stadtjugend – oder wenigstens Teile davon – versammelt sich regelmäßig auf dem großen Platz vor dem Portal, um ihre Blicke zärtlich über die graubraune Fassade streifen zu lassen.

Ich flüchtete in einen Traum und traf dort eine Frau, blond, Haare bis zum Bauch, die Margarete hieß und es mir gutgehen ließ. Zum Frühstück nahm ich mir dann das Telefonbuch vor. Ein Gretchen fand ich nicht, auch keinen Wilhelm Meister, dafür ein paar Leute die Schiller heißen, aber ohne „von", die Goethe (r) International Marken Vertriebs GmbH und eine Lotte in der Dichtergasse. Die Gasse ist ziemlich häßlich, eine Plattensiedlung, aber sehr schick auf neu saniert. Alles in Pastellfarben, rosa, gelb, hellblau, hellgrün und lichtlila, die selben Farben wie bei den Häuser in der Altstadt. Wahrscheinlich haben sie hier oben die Reste vermalt. Lotte ist nicht da. Also rufe ich später vom Hotel noch mal an. Ihre Mädchenstimme klingt neugierig, was in so einer Stadt wohl kein Wunder ist. Seitdem sitze ich vorm Ratskeller und warte auf sie.

Die zwei Figuren am Nebentisch reden darüber, wie langweilig Weimar ist. Bloß zwei Kinos, davon eins zur Zeit geschlossen, eine Handvoll Kneipen, aber nur drei, in die man gehen kann, das Residenz, ACC, die Brasserie, zwei Tanz-Clubs, wovon keiner erträglich ist, überall dieselben Gesichter. Mit 14 kennst du alle Gleichaltrigen unter den 62 100 Einwohnern der Stadt, die von ihrer Demographie her keine ist, sondern nur eine Kleinstadt und in gewisser Hinsicht bloß ein Nest. Mit 16 warst du in alle Mädchen verliebt, die für dich in Frage kommen. Mit 18 willst du die Stadt verlassen. Mit 20 weißt du, daß du hängenbleibst. Mit 22 lernst du den Haß kennen, den Selbsthaß. Ich frage die zwei Jammerlappen, ob sie Lotte kennen. Der Jüngere nickt. „Ach die", sagt der Ältere.

Ich warte, ob noch was kommt. Der Junge runzelt die Stirn, formt mit Zeigefinger und Daumen seiner rechten Hand einen Kreis, schlägt mit der flachen linken darauf und fragt, „was willst du von der?" – „Nicht, was du denkst", entgegne ich. Daraufhin versinken beide in Schweigen. Der Junge starrt auf den Marktplatz, der Ältere pult in seinen Ohren, die im Gegensatz zu seinem großflächigen Gesicht, zu klein geraten sind. Vorm Hotel Elephant wartet eine japanische Touristengruppe neben einem Berg von Koffern. Zwei Taxen fahren vor und spucken Herren in Anzug und Krawatte aus. Die Turmuhr spielt ein Lied. Aus der Victoria-Versicherung kommt eine Frau, guckt in die Runde und geht wieder rein. Die beiden Gemüseverkäuferinnen schlendern von ihrem Stand rüber zum Tisch der Polen und sehen sich hölzerne Löffel und Gabeln an. Kurz vor eins ist Lotte immer noch nicht da. Die beiden Freunde am Nebentisch grinsen mir gehässig zu. Ich frage sie, worauf sie eigentlich warten. Als Antwort droht der Ältere mir Prügel an.

„Schon gut", versuche ich abzuwiegeln.

„Will ich auch meinen", lautet seine Erwiderung.

Ich bestelle beiden ein Bier, damit sie Ruhe geben. Als die Turmuhr wieder spielt, ist Lotte immer noch nicht in Sicht. Die Jungs machen sich offen über mich lustig. Die Sonne sammelt ihre letzte Kraft. Ich ziehe die Jacke aus und krempel meine Ärmel hoch.

„Hohoho", machen die Jungs und prosten einander zu.

Kurz darauf zieht ein Touristenpulk über den Platz. Einzelnen Wortfetzen entnehme ich, daß Amerikaner darunter sind. Jemand liest laut aus einem Stadtführer vor. Die Stimme schallt über den Platz, der die Akustik einer Arena hat. Dann schlägt die Uhr zum dritten Mal, und ich weiß, daß ich Lotte nicht mehr sehen werde. Womöglich habe ich mich in der Zeit geirrt und sie verpaßt. Die Jungs haben plötzlich Mitleid mit mir und fangen an zu erzählen, wie wunderbar sie ist. Ganz anders als andere Mädchen.

„Wie anders", frage ich.

Der Ältere wischt seine Handflächen an seinem T-Shirt ab, sucht nach Worten, legt die Stirn in Falten, denkt nach. „Sie ist Poesie", sagt der Junge schließlich, „reine Poesie", und sieht mich an. Seine eben noch leeren Augen leuchten. So, als hätten sie eine fremde Welt geschaut.

Man muß es mir nicht sagen. Ich sehe sofort, daß sie es ist. Ihr schwebender Gang hat einen Rhythmus, der ungestüm und zugleich maßvoll ist und kühl kalkuliert, wie das Versmaß bei einem Gedicht. Die Jungs katapultiert es fast von den Sitzen. Menschen wie sie sind selten. Sie adeln den Ort. Leute, die nichts miteinander zu tun haben, weil sie einander noch nie begegnet sind, und wenn sie einander begegnen würden, einander nichts zu sagen wüßten außer höflich Nichtigkeiten – solche

Glatte Mauernfronten der Neuzeit und rustikale Gemäuer des Mittelalters ziehen gleichermaßen Besucher an. Wer das Kulturmarathon im Residenzschloß (oben) hinter sich gebracht hat, läßt sich vielleicht auch noch auf Jugendkultur (unten) im Studentenclub im Kasseturm ein

Stelldichein auf Stein

Leute, willkürlich vom großen Poeten Zufall zusammengewürfelt, vereint plötzlich eine geheimnisvolle Übereinkunft, eine beinahe religiöse Kraft. Ihre vormals wirren Wege scheinen jetzt Schicksalslinien zu folgen. Aus einzelnen, versprengten Handlungssplittern formt sich eine Geschichte, die von Geisterhand geführt aufs Finale zuläuft. Die Akteure kennen das Ende noch nicht, und doch schreiben sie eifrig daran mit. Die Hauptperson, verwirrt von soviel Aufmerksamkeit, unsicher, wie sie alles meistern soll und zugleich geschmeichelt von der erhabenen Bedeutung ihrer Person, geht mit federndem Schritt darüber hinweg, reckt den Kopf stolz über die Masse der Menschen hinweg, denn schon ahnt sie, wie der Schluß lauten muß.

Gleich werden die Amerikaner eine Gasse bilden, in die Hände klatschen und Lotte unter prasselndem Applaus passieren lassen. Einer der Japaner wird in gestrecktem Galopp den Platz überqueren und irgendwen nötigen, von ihm und Lotte ein Foto zu machen. Und ein junger Herr wird aus der Menge treten, ihr den Weg versperren und mit spontaner Verve ein paar Verse aus dem Ärmel schütteln. Eine Ode an sie, die Lotte aus Weimar, seine Königin. Und sie, die Königin, wird sich lächelnd bei ihrem Verehrer bedanken, weil er sie mit seinem Florett aus Worten ins Herz getroffen hat.

Schon teilt sich die Menge. Sie hebt den Kopf, erwartet den Applaus. Einer der Japaner trabt müde über den Platz, verschwindet in der Apotheke. Ein anderer fotografiert seine Frau. Lotte bleibt stehen, sieht sich suchend um. Im Nacken löst sich der Haarknoten, die Locken fallen ihr ins Gesicht. Einen Moment blickt sie trübe drein. Jetzt, so fühlt man sich gezwungen zu denken, erwartet sie den Dichter, einen jungen Slam-Poeten mit wildem Blick, keinen Granden wie damals den Herr G., sondern ein aufstrebendes Talent, daß was will in der Welt, sie erst entdecken und dann verdichten, was aufregend und bezaubernd ist und Lebensatem gibt. Darauf wartet sie, dreht sich auf ihren Hacken, hält Ausschau nach allen Seiten. Aber da ist bloß die Angst, daß sie in dieser Stadt, die ihre Zeit längst hatte, ewig gefangen bleibt. Ein ganz gewöhnliches Mädchen mit einem ungewöhnlichen Namen, daß sich von Touristen begaffen läßt.

Die Typen am Nebentisch fühlen, daß irgendwas nicht richtig gelaufen ist. Der Ältere steht auf, der Junge winkt ihr zu. Sie wischt sich die Haare aus dem Gesicht, rafft den Rock mit einer Hand und rennt mit einem Lächeln der Erleichterung auf ihn zu. „Schau, wie das Mädchen fliegen kann", sagt der Junge. „Sie ist wirklich ein Engel", sagt der Ältere. Womöglich, denke ich und starre dabei den Schriftzug auf seinem T-Shirt an, liegt Lottens Glück auf Erden bloß in diesen Versen.

Otmar Jenner, *geb. 1958, ist Verfasser des im Herbst 1998 erschienenen Romans „Sarajevo Safari". Er lebt als freier Autor in Hamburg.*

Das Land kommt in die Stadt. Täglich beschicken die Bauern des Umlandes den Markt, verkaufen, beraten und plaudern

Der schönste Rundgang

Die wichtigsten Sehenswürdigkeiten Weimars befinden sich auf gerade 600 mal 500 Meter Innenstadtfläche. Wer sie eingehender besichtigen will, muß sehr viel mehr Zeit als für einen Stadtspaziergang aufwenden

Wenn Goethe wüßte, daß Inge Hartmann an ihrem Gärtnerstand heute Ginkgobaum-Setzlinge mit seinem Ginkgo-Gedicht auf der Pflanzanleitung verkauft, würde er sich freuen. Ob der Dichter ein reger Besucher des Marktes war, ist nicht verbürgt – nur, daß er für Zwiebeln einen Posten von sechs Pfennigen notierte, per anno.

Am Markt kam und kommt keiner vorbei. Lenz, Grillparzer, Hitler, Thomas Mann, Ulbricht, Udo Lindenberg, die Gäste des Elephant. Das Hotel ist das Foyer des Marktes. Die meisten Besucher aber sind Tagestouristen. Sie kaufen hier

Foto: Tina Hager

Ecke Frauentorstraße/Schillerstraße: Goethe ist allgegenwärtig

auch kein Gemüse, sondern Thüringer Bratwurst und sind daran zu erkennen, daß sie sich Ketchup darauf träufeln. Ein Thüringer würde das nicht tun.

Bedeutende Gebäude ringsum. Das Cranach-Haus ist ein Renaissancebau mit prächtig ornamentierten Rundbögen. Lukas Cranach d. Ä. bewohnte es nur ein Jahr lang. 1553 starb er, und das Gemälde für den Hauptaltar der Stadtkirche blieb zunächst unvollendet. Das Stadthaus und die Hofapotheke, beide 16. Jahrhundert, wurden 1945 zerstört und später rekonstruiert – was nicht sieht, wer es nicht weiß. Die Westseite des Markts nimmt das Rathaus in Beschlag, ein neugotischer Renaissancebau-Nachfolger. Irgendwie wirkt er fremd.

Die meisten Besucher drängt es alsbald zu Goethe. Vom Markt, vorbei an der Schillerstraße durch die Frauentorstraße geradeaus. Wie fast immer in Weimar sind es nur wenige Schritte. Goethes Haus am Frauenplan ist die meistbesuchte Klassikeradresse der Stadt. Alle halbe Stunde ein neuer Publikumsschub. Kaum über die Türschwelle mit dem „Salve"-Willkommensgruß getreten, vernimmt man anhaltendes Stimmengewirr. Kein Raum, den sich jemand auch nur für Sekunden allein anschauen könnte. Da das Haus als Arbeits- und Lebensraum des Dichters präsentiert wird, gibt es keine erklärenden Tafeln und Schilder. Eine Multivisionsschau hilft, während des Rundgangs mehr zu verstehen.

Im benachbarten Gasthof Zum Weißen Schwan war Goethe („Der weiße Schwan begrüßt dich jederzeit mit offenen Flügeln") häufig zu Gast. Ambiente und Küche finden auch heute ihre anspruchsvollen Freunde, die hier Entenbraten mit Klößen und Saale-Unstrut-Wein probieren sollten. Wer lieber bei leichterer Kost draußen sitzen mag, sucht sich einen Platz vor dem Frauentor-Café an der Schillerstraße.

Die einstige Esplanade war schon zu Schillers Zeiten ein beliebter Boulevard, man flanierte und kokettierte. Heute ist die Schillerstraße von fast ebenso vielen Handwerkern wie Passanten belebt, weil die Fassaden Schritt für Schritt saniert werden. Leerstehende Geschäfte zeigen aber auch, daß nicht jeder Unternehmung Glück beschieden ist. Das Haus Nummer 17, auf der Höhe des Gänsemännchenbrunnens, bezog Schiller im Jahre 1802. Nur drei Jahre lebte er hier. In seiner Mansarde enstanden „Wilhelm Tell" und „Demetrius". Der Arbeitsplatz sieht aus, als sei der Dichter gerade aufgestanden. Links eine Schere, daneben ein aufgeschlagenes Buch. Die Schreibfeder aber ist ausgetrocknet und das Tintenfaß leer. Im Keller hängt ein Brief Schillers an Wilhelm von Humboldt, in dem er ironisch seine Erhebung in den Adelsstand kommentiert: „Lolo ist jetzt recht in ihrem Element, da sie mit ihrer Schleppe am Hofe herum-

Vergangenheit in der Gegenwart: Das Antiquariat Suleika (oben) ist eine Fundgrube klassischer deutscher Literatur. „Herzoglicher Bediensteter" im Hof des Wittumspalais (Mitte).Der Rasen des Jakobskirchhofs (unten) deckt die Ruhestätten von Weimarer Bürgern vieler Generationen

schwänzelt." Amüsiert liest man Auszüge aus dem Haushaltsbuch (der Weinkonsum war beträchtlich), mit Schaudern aber das Protokoll über Schillers Obduktion. Es schließt mit der Bemerkung, daß man sich wundern müsse, „wie der arme Mann so lange hat leben können".

Die Schillerstraße endet am Wittumspalais, dem Witwensitz von Anna Amalia. Abgebrannt im wahren Wortsinn, zog die Herzogin 1774 ein, nachdem das Residenzschloß durch ein Feuer vernichtet worden war. Die Gäste bestaunen die spätbarocken Malereien von Adam Friedrich Oeser. Andachtsvoll inspizieren die Besucher das Zimmer der berühmten Tafelrunden, wo Anna Amalia, Goethe, Herder, Wieland, Knebel, Einsiedel, Seckendorff, Charles Gore und Jean Paul es bei improvisierten Theaterstücken und Lesungen laut und lustig zugehen ließen.

Der Seitenflügel des Palais grenzt an den Theaterplatz. Dort, vor dem Deutschen Nationaltheater, ist das Goethe-Schiller-Denkmal der beliebteste Stellplatz fürs Erinnerungsfoto. Im Theater saß auch Goethe auf dem Regiestuhl und mühte sich pedantisch, aus mäßigen Schauspielern ein akzeptables Ensemble zu machen.

Eine nur kurze Fußgängerzone verbindet den Theaterplatz mit dem Goetheplatz. Dort macht Ilm-Athen mit dem ehemaligen „Lesemuseum" seinem Namen alle Ehre: das Gebäude von 1859 sieht aus wie der Athener Nike-Tempel. Großherzogin Maria Pawlowna ließ hier Zeitungen und Zeitschriften an die Weimarer ausleihen. Man kam, saß und las in der offenen Säulenhalle im Obergeschoß.

Einen Gegenakzent bildet der Kasseturm, Teil der mittelalterlichen Stadtbefestigung. Der gedrungene Rundling beherbergte einst – daher der Name – die herzogliche Landeskasse. Anfang der sechziger Jahre richteten sich hier die Weimarer Studenten einen Club („Mein dickster Freund") ein. In dem verwinkelten Gemäuer gibt es einen Bierkeller, einen Saal für Live-Musik und unter dem Dach Disko und Bar. Am Freitag und Sonnabend ist der Kasseturm proppenvoll – und nicht nur die Studiosi profitieren vom studentischen Preisgefüge. Es lohnt sich aber nicht, vor 22 Uhr herzukommen.

Der Graben, eine breite Straßenschneise, trennt das Zentrum von der Jakobsvorstadt. Hier lebten Färber, Bettelmönche, arme Leute. Bürger und Adel fanden selten den Weg über den Stadtgraben, eigentlich nur im Trauerkondukt zum Jakobsfriedhof. Unter mächtigen Kastanien und Linden sind auf der Rasenfläche und an der Kirchenmauer die Grabplatten berühmter Weimarer zu finden, darunter von Lucas Cranach dem Älteren, Musaeus und Mitgliedern an Anna Amalias Musenhof. Schiller, der zuerst im noch erhaltenen Kassengewölbe bestattet war, und Caroline Herder wurden später umgebettet.Mittelpunkt der Jakobsvorstadt ist der Rollplatz, ein intimes, beschützendes Geviert. Schwierig, an lauen Sommerabenden vor der Brasserie Central einen freien Stuhl zu finden.

Zurück über den Graben in enge Straßen: Scherfgasse, Geleitstraße, Teichgasse. Hier ein versiegter Brunnen, dort sanierungsbedürftiges Fachwerk und der Gartenpavillon, in dem Frau von Stein und Goethe sich zum ersten Mal getroffen haben sollen. Das Gebäude des Stadtarchivs ist frisch restauriert, und in der Hofbuchdruckerei stehen uralte Druckmaschinen, die alle noch funktionieren. In der Eckkneipe Zum Zwiebel wird Zwiebelkuchen ofenfrisch serviert.

Am Sächsischen Hof, 1776 erste Weimarer Besuchsadresse Goethes, öffnet sich das Viertel zum Herderplatz. Holzmarkt, Töpfenmarkt hat er geheißen. Das Standbild Herders vor der Stadtkirche St. Peter und Paul herrscht heute über die Zeltstände eines Klamottenmarkts. Stadtführerinnen versuchen in diesem Treiben mit standartenmäßig gerecktem Regenschirm ihre Gruppen zusammenzuhalten und in die Hallenkirche vor das Cranachsche Altargemälde der Kreuzigung zu schleusen.

Die Ostseite des Herderplatzes schließt das Deutschritter-Haus ab. In dem reich verzierten Renaissancebau von 1566 sitzen unterm Kreuzgewölbe die Gäste eines Fischrestaurants zu Tisch. Ein Abstecher in die benachbarte Jakobstraße führt zum Kirms-Krackow-Haus. Es ist eines der ältesten bürgerlichen Wohngebäude der Stadt und sobald renoviert, werden im Wohnambiente des 18. Jahrhunderts Kulturveranstaltungen stattfinden. Schon Anna Amalia kam zu geselligen Anlässen hierher.

Zum Burgplatz sind es nur wenige Schritte. Dort sperrt wie ein Riegel das Stadtschloß – auch Residenzschloß – die Stadt von der Ilm und ihrem Park ab. Im großen Innenhof wirkt der klassizistische Dreiflügelbau sehr eindrucksvoll.(Ein vierter neobarocker Trakt wurde später dazugebaut.) Viel klassizistisches Dekor, Säulen, Friese, allegorische Statuen sind im Großen Treppenhaus zu bewundern, wo einst der Besatzer und Besucher Napoleon die Herzogin Sophie achtlos stehenließ.

Institutionen für den Gast und den Geist (von links nach rechts): die populäre Brasserie am Rollplatz; das Haus der Frau von Stein mit dem Fremdenheim; der Festsaal des Residenzschlosses; die Bastille, Torbau der mittelalterlichen Burg; das Grüne Schloß, Domizil der Herzogin Anna Amalia Bibliothek. Karte unten: die Stationen eines klassischen Stadtrundgangs

Die schönsten Räume der Weimarer Residenz sind die Falkengalerie und der Festsaal, leichte und lichte mit Deckenstukkaturen geschmückte Repräsentationssäle, in die zu musikalischen Matineen geladen wird. Das herzogliche Weimar wäre nicht Weimar, hätte es nicht auch seinen Geistesgrößen einen Platz im fürstlichen Domizil reserviert: die Dichterzimmer zum Andenken an Goethe, Schiller, Wieland und Herder. Büsten der Geehrten zieren die Räume, Fresken stellen Szenen aus ihren Werken dar.

Das Schloß ermöglicht eine erneute Begegnung mit den Cranachs. Die Kunstsammlungen zu Weimar verfügen über die größten Kunstbestände von Vater und Sohn. Gemälde von Dürer und Hans Baldung Grien, Niederländische Malerei, Bilder deutscher Künstler des 19. Jahrhunderts von Tischbein, Friedrich, Runge bis Schwindt sind weitere Attraktionen der Sammlungen.

Wer das Schloß durch das Südportal verläßt, blickt geradewegs auf das Fürstenhaus. Es wurde Ausweichquartier der herzoglichen Familie, nachdem 1774 das Schloß abgebrannt war. Über lange Zeit diente der breitgestreckte Bau dem Thüringischen Landtag. Jetzt geben dort die Studenten der Hochschule für Musik Franz Liszt den Ton an. Gleich dahinter befindet sich eine der bekanntesten Weimarer Adressen: Ackerwand 27, das Haus der Frau von Stein. Ein halbes Jahrhundert lebte die Goethe-Vertraute und Oberstallmeistersgattin in dem eleganten Barockbau. Goethe-Institut und die Pension von Frau Haaré (siehe S. 42) teilen sich heute das Haus.

Schräg gegenüber befindet sich im Grünen Schloß die Herzogin Anna Amalia Bibliothek. Sie gehört zu den wenigen Büchereien, die mehr besichtigt als benutzt werden. Vor allem der prächtige Rokokosaal, der drei Etagen einnimmt, mit seinen Büchern, Büsten, Zeichnungen, Gemälden und Globen. Goethe, der jahrzehntelang die Oberaufsicht innehatte, konnte den

Bestand dieser literarischen Schatzkammer mehr als verdoppeln. Inzwischen sind hier etwa 850 000 Bände archiviert. Jenseits des Grünen Schlosses beginnt der Park an der Ilm; sechzig Hektar englischer Garten mit Flußaue und Spazierwegen – Goethes lebendigste Schöpfung, wie es heißt, weil sie sich Jahr um Jahr erneuert. Durch einen Besuch im Wörlitzer Park des Fürsten Franz von Anhalt-Dessau inspiriert, trug der Dichter wesentlich zur Gestaltung des Parks bei. In diesem grünen Paradies bezog er ein uraltes Winzerhaus, fortan Gartenhaus genannt. Vor dem Garten traf er im Sommer 1788 das Blumenmädchen Christiane Vulpius. Kurze Zeit später zog sie bei ihm ein. Das Häuschen ist karg, doch mit originalem Mobiliar ausgestattet. Im Erdgeschoß stehen böhmische Bauernmöbel, oben im Arbeitszimmer Stehpult und Sitzbock, im Schlafraum Goethes Klappbett.

Wem die Wege zwischen den riesigen Rasenflächen zu weit sind, kann sich eine Fahrrad-Rikscha mieten – als Doppelsitzer und mit oder ohne pedaltretendem Fahrer. So läßt sich entspannt die Distanz vom Gartenhaus zum Borkenhäuschen überwinden, einer mit Rinden verkleideten Naturklause des Herzogs Carl August, oder zum Römischen Haus, dem etwas standesgemäßeren Sommersitz des Fürsten. Dieser tempelartige Bau mit ionischer Säulenfassade erhebt sich auf einem Hang oberhalb der Ilm und war, vor zweihundert Jahren gebaut, das erste klassizistische Gebäude Weimars. Von hier führt der Weg am mäandernden Fluß entlang zurück in die Stadt.

Stephan Laudien, *1966 in Thüringen geboren, arbeitet als freier Journalist. Er lebt in Jena.*
Jordis Schlösser, *Jahrgang 1967, Fotografin in Berlin, ist Mitglied der Berliner Agentur Ostkreuz. Für MERIAN fotografierte sie bereits in Berlin.*

Johann Wolfgang Goethe, der Frankfurter Bürgersohn, sammelte als „Fürstendiener" in Weimar die Lebens- und Welterfahrung, mit der er sein dichterisches Werk schuf

Von 1776 bis zu seinem Tod 1832 war Goethe Minister am Weimarer Hof. Die ersten zehn Jahre als hart arbeitender Krisenmanager, der sich mit den kümmerlichen Verhältnissen eines deutschen Kleinstaates herumschlug. War er als Politiker ebenso erfolgreich wie als Poet?
Text: Hans Markus Thomsen

Dichter an der

Goethe ist seit einem halben Jahr Gast des 18jährigen Herzogs Carl August von Sachsen-Weimar-Eisenach. Jetzt, im Frühjahr 1776, entschließt er sich endgültig, in Weimar zu bleiben, aber nicht als Possenreißer und Hofpoet. Er will etwas tun. „Regieren!" schreibt er dick in sein Tagebuch.

Das Herzogtum, ein typischer deutscher Kleinstaat, ist ganze 36 Quadratmeilen groß und hat an die 100 000 Untertanen. In der Residenzstadt Weimar leben 6000 Einwohner, soviele wie zu Goethes Zeiten im Frankfurter Stadtteil Sachsenhausen. Über den Kollegialverwaltungen (Regierungen) der beiden Landesteile Weimar und Eisenach „schwebt" das Geheime Consilium. Hier werden alle Dinge beraten, die der Landesherr selbst entscheidet. Es leuchtet ein, daß der junge Carl August, als er die Herrschaft antritt, unbedingt einen Mann seines Vertrauens in diesem Gremium haben will. Er beruft seinen Duzfreund Goethe, der inzwischen ein altes Küferhaus an der Ilm bezogen (das spätere Gartenhaus) und den Bürgerbrief erworben hat.

Diese Berufung wird als Sensation, ja, als Affront empfunden. An den Höfen ist es fast undenkbar, daß ein Bürgerlicher Minister wird. Für den Weimarer Hofadel ist Goethe ein hergelaufener bürgerlicher Literat. Seine Erhebung in den erblichen Adelsstand im Jahre 1782 wird diese „Blöße" nur notdürftig verhüllen.

Kein Wunder, daß das älteste Mitglied des Cor
siliums, Freiherr von Fritsch, sogleich seinen Ab
schied einreicht. Er erklärt, „daß ich in einer
Collegio, dessen Mitglied gedachter D. Goeth
anjetzt werden soll, nicht länger sizen kann."

Das ist eine Krise. Denn Carl August kann ur
mittelbar nach dem Antritt seiner Regentscha
auf diesen erfahrenen Mann nicht verzichter
Der Herzog schreibt an Fritsch: „Nicht allein ic
sondern einsichtsvolle Männer wünschen mi
Glück, diesen Mann zu besitzen. Sein Kopf un
Genie sind bekannt. Einen Mann von Geni
nicht an dem Ort gebrauchen, wo er seine auße
ordentlichen Talente beweisen kann, heißt den
selben mißbrauchen." Daß Fritsch einlenkt, ve
dankt der Fürst seiner Mutter Anna Amalia.

Goethe ist nun Beamter, Fürstendiener auf ho
hem Niveau: Geheimer Legationsrat mit 1200 Ta
lern Gehalt. Nicht schlecht für einen 26jährige
Juristen ohne jede Verwaltungserfahrung. Ei
Professor verdient nicht mal halb so viel, ein Leh
rer oder Arzt 200 Taler (ein Roßarzt bezeich
nenderweise 400), ein Schreiber gerade 10
Goethe eine Woche nach seiner Berufung: „De
Herzog, mit dem ich nun schon neun Monate i
der wahrsten und innigsten Seelenverbindun
stehe, hat mich endlich auch an seine Geschäft
gebunden, aus unserer Liebschaft ist eine Eh
entstanden, die Gott segne."

Einmal am Zuge, will Carl August gleich auch ei
wenig aufräumen. Er findet es überflüssig, da
jedes kleine Aktenstück an ihn mit all seine
sächsisch-thüringischen Titeln adressiert wird
Ihn stört auch das immer wiederholte „allergnä
digst". Hier stößt er aber auf den Widerstand de
Consiliums – und den Goethes. Der argumen
tiert„ daß das Zeremoniell wichtig sei: „Es er
richtet Schranken gegen die Menge." Später ver
steigt er sich sogar zu der Behauptung, es sei di
Vernachlässigung äußerer Formen durch Frie
drich den Großen und Joseph II., die die Fran
zösische Revolution mitverursacht habe.

Herzog Carl August, Goethes Fürst und lebenslanger Freund, entwickelte sich unter seinem Einfluß zum fast idealen Herrscher, einem „Knecht des allgemein Besten“

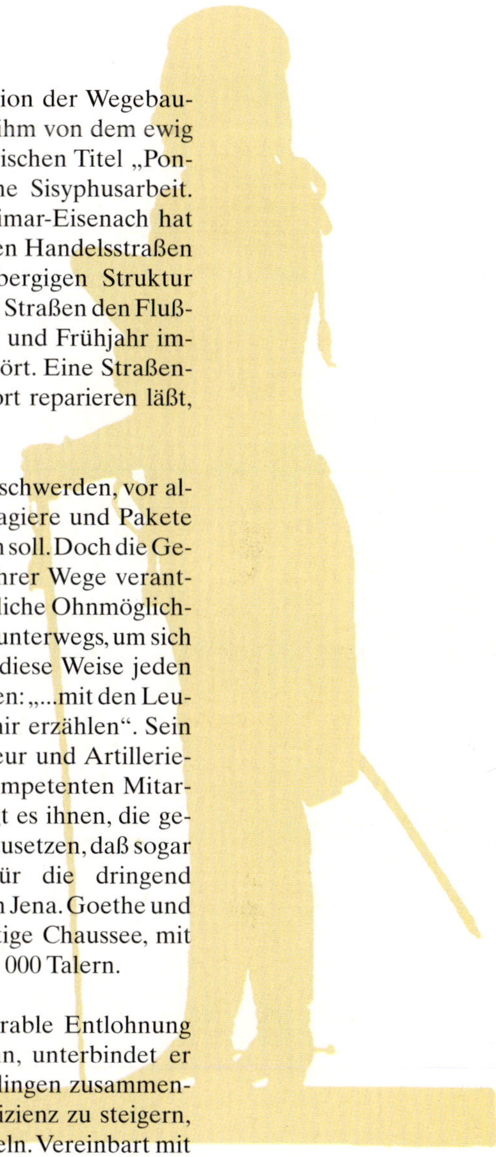

Goethe versäumt keine Sitzung des Consiliums, langweilt sich aber oft. In seinem Tagebuch notiert er: „Dumme Luft drinne. Fataler Humor von Fritsch. Jupiter (Carl August) zu viel geredet, Sachen in der Hitze zur Sprache gebracht, die nicht geredet werden sollten.“ Goethe fühlt sich zu weit weg von den Leuten, vom „Filtriertrichter der Expeditionen“. Aber er kümmert sich um die Angelegenheiten der Universität Jena (setzt die Berufung Schillers durch), um die hungernden Strumpfwirker von Apolda – und um die Hühnersteuer von Ruhla: ein Aktenstück von immerhin 200 Seiten.

Das Städtchen Ruhla, früher eine bekannte Messerschmiede, ernährt sich eher kümmerlich durch die Herstellung von Pfeifenköpfen und etwas Landwirtschaft. Der Steuereinnehmer bezichtigt die Einwohner, „verhetzte Rebellen“ zu sein. Sie wehren sich gegen eine Neuveranlagung

Macht

ihrer Häuser. Neben dem Erbzins sollen sie pro Rauchfang ein Huhn abliefern. Goethe gibt dem Steuereinnehmer im Prinzip recht, der Erbzins sei beizubehalten. Aber: Der Ruhlaer sei schlecht ernährt, entscheidet Goethe gegen den Steuereinnehmer, und mit dem Huhn nehme man ihm auch noch den Mut. „Wo sind dagegen Anstalten, ihm Hoffnungen und Aussichten zu machen?“

Auf die Dauer ist es dann doch zu wenig, daß Goethe mit seinem hohen Gehalt nur Sitz und Stimme im Consilium hat und Akten bearbeitet. So wird er 1777 mit einer Sondermission betraut: mit der Wiederaufnahme des einst ertragreichen Kupfer- und Silberabbaus in Ilmenau.

Goethe holt Gutachten von Bergbausachverständigen in Clausthal ein, wo die Minen beträchtlichen Gewinn abwerfen. Er lernt dabei viel über Mineralogie, steckt den ganzen Hof damit an, so daß Herder das „dauernde Gerede über Steine“ schon nicht mehr hören mag. Doch nach verheißungsvollen Anfängen und Hoffnungen, „den Ilmenauer Maulwürfen Arbeit zu bringen“, quält sich das Unternehmen mit vielen Rückschlägen zwei Jahrzehnte lang dahin, bis die Natur die Sache mit einem gewaltigen Wassereinbruch ein für allemal beendet. Es bleiben eine Investitionsruine, frustrierte Aktionäre und der Trost, daß dieses frühkapitalistische Unternehmen als ABM-Maßnahme über Jahre etwa vierzig Ilmenauer in Lohn und Brot gebracht hat.

1779 wird Goethe die Direktion der Wegebaukommission übertragen, was ihm von dem ewig stichelnden Herder den spöttischen Titel „Pontifex Maximus“ einträgt. Eine Sisyphusarbeit. Das Herzogtum Sachsen-Weimar-Eisenach hat das Pech, daß keine der großen Handelsstraßen hindurchgeht. Wegen der bergigen Struktur Thüringens folgen die meisten Straßen den Flußtälern und werden im Herbst und Frühjahr immer wieder vom Wasser zerstört. Eine Straßenaufsicht, die die Schäden sofort reparieren läßt, gibt es nicht.

Goethe findet stapelweise Beschwerden, vor allem von der Post, die ja Passagiere und Pakete pünktlich und sicher befördern soll. Doch die Gemeinden, für die Erhaltung ihrer Wege verantwortlich, schützen „ihre gäntzliche Ohnmöglichkeit“ vor. Goethe ist alle Tage unterwegs, um sich kundig zu machen, lernt auf diese Weise jeden Winkel des Herzogtums kennen: „...mit den Leuten leb ich, red ich und laß mir erzählen“. Sein Glück, daß er in dem Ingenieur und Artilleriehauptmann Castrop einen kompetenten Mitarbeiter hat. Gemeinsam gelingt es ihnen, die geringen Mittel so geschickt einzusetzen, daß sogar noch Geld übrig bleibt für die dringend erforderliche Verbindung nach Jena. Goethe und Castrop bauen die erste richtige Chaussee, mit einem Kostenaufwand von 11 000 Talern.

Wenn Goethe auch die miserable Entlohnung der Leute nicht bessern kann, unterbindet er doch sofort, daß sie mit Sträflingen zusammenarbeiten müssen. Um die Effizienz zu steigern, greift er zu altbewährten Mitteln. Vereinbart mit den Gemeinden, den Bauern „zur Ergötzlichkeit“ Bier zu stiften. Mit dem Ergebnis, daß sie nicht nur viele Karren Steine fahren, sondern sogar noch Handdienste leisten.

Aber um das Straßennetz entscheidend zu verbessern, bedarf es der gemeinsamen Anstrengung der benachbarten Fürstentümer. Alle Versuche scheitern an landeshoheitlichen Eitelkeiten, und so ist der abschließende Bericht, den Goethe 1786 verfaßt, geprägt vom Gefühl sinnloser Kräftevergeudung, und er beklagt „das armselige Element unserer kleinen Staaten. Man begießt einen Garten, da man dem Lande keinen Regen verschaffen kann“. Das föderalistische Kompetenzgerangel kommt hinzu.

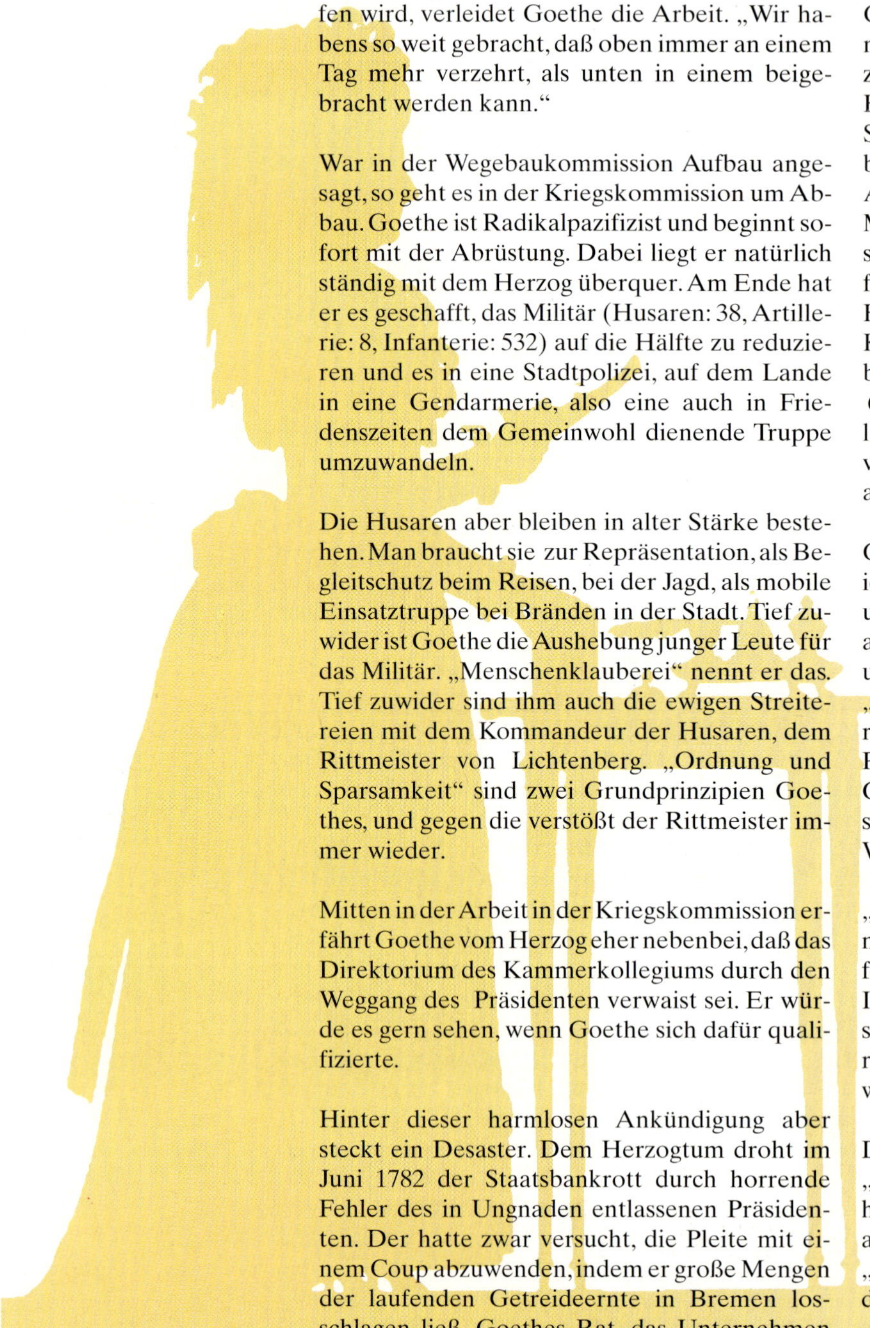

Herzogin Anna Amalia, die Mutter Carl Augusts, übte nach dem frühen Tod des Herzogs 16 Jahre lang die Regentschaft anstelle des unmündigen Erbprinzen aus

Daß am bitter Nötigen gespart, dagegen für die Hofhaltung das Geld zum Fenster hinausgeworfen wird, verleidet Goethe die Arbeit. „Wir habens so weit gebracht, daß oben immer an einem Tag mehr verzehrt, als unten in einem beigebracht werden kann."

War in der Wegebaukommission Aufbau angesagt, so geht es in der Kriegskommission um Abbau. Goethe ist Radikalpazifizist und beginnt sofort mit der Abrüstung. Dabei liegt er natürlich ständig mit dem Herzog überquer. Am Ende hat er es geschafft, das Militär (Husaren: 38, Artillerie: 8, Infanterie: 532) auf die Hälfte zu reduzieren und es in eine Stadtpolizei, auf dem Lande in eine Gendarmerie, also eine auch in Friedenszeiten dem Gemeinwohl dienende Truppe umzuwandeln.

Die Husaren aber bleiben in alter Stärke bestehen. Man braucht sie zur Repräsentation, als Begleitschutz beim Reisen, bei der Jagd, als mobile Einsatztruppe bei Bränden in der Stadt. Tief zuwider ist Goethe die Aushebung junger Leute für das Militär. „Menschenklauberei" nennt er das. Tief zuwider sind ihm auch die ewigen Streitereien mit dem Kommandeur der Husaren, dem Rittmeister von Lichtenberg. „Ordnung und Sparsamkeit" sind zwei Grundprinzipien Goethes, und gegen die verstößt der Rittmeister immer wieder.

Mitten in der Arbeit in der Kriegskommission erfährt Goethe vom Herzog eher nebenbei, daß das Direktorium des Kammerkollegiums durch den Weggang des Präsidenten verwaist sei. Er würde es gern sehen, wenn Goethe sich dafür qualifizierte.

Hinter dieser harmlosen Ankündigung aber steckt ein Desaster. Dem Herzogtum droht im Juni 1782 der Staatsbankrott durch horrende Fehler des in Ungnaden entlassenen Präsidenten. Der hatte zwar versucht, die Pleite mit einem Coup abzuwenden, indem er große Mengen der laufenden Getreideernte in Bremen losschlagen ließ. Goethes Rat, das Unternehmen erstmal durchzurechnen, befolgte er aber nicht. Das Ergebnis: ein Riesenflop – allein die Transportkosten übersteigen den Erlös von Bremen um ein Mehrfaches.

In keinem anderen Amt wird Goethe für Herz
und Herzogtum so wertvoll wie in diesem. D
Herzogliche Kammerkollegium ist die Finan
behörde des Fürsten, und es gibt noch keine Tre
nung zwischen Staatseigentum und herzog
chem Privatvermögen. Der Schwager des entla
senen Präsidenten höhnt: „Jetzt wird man ja s
hen, wie ein Mann sich aus der Sache zieht, d
hievon noch etwas weniger versteht als ich vo
Syrischen."

Goethe schafft es. Im Jahr 1783 bringt er mit e
ner großen Steuerreform den Haushalt des He
zogtums wieder in Ordnung. Das geht nur m
Hilfe der Landstände. Goethe bringt sie dazu, d
Schulden der Kammer, die er bewußt übertri
ben mit 200 000 Talern angibt, zu übernehme
Als Gegenleistung bietet er die Halbierung d
Militärs an, dessen Unterhalt Sache der Lan
stände ist. Ein für die Landstände verlockend
für Goethe aber wohlfeiles Angebot, denn d
Halbierung des Militärs hat er gerade in d
Kriegskommission durchgepaukt. Rigoros ha
biert Goethe auch das Budget des Hofes vo
60 000 auf 29 000 Taler. Eine Summe, die in En
land ein Peer in seinem Club an einem Aber
verspielt. Der Herzog zieht mit, murrend zwa
aber einsichtig aus Notwendigkeit.

Goethe: Meine Finanzsachen gehen besser, a
ich es mir vor einem Jahr dachte. Ich habe Glü
und Gedeihen bei meiner Administration, hal
aber auch auf das festeste über meinem Plan
und meinen Grundsätzen." Zu Frau von Stei
„Wer sich mit der Administration abgibt, oh
regierender Herr zu sein, der muß entweder e
Philister oder ein Schelm oder ein Narr sein
Goethe stellt einen Etat auf „mit der desolat
sten Kälte und Redlichkeit". Als er alles auf de
Weg gebracht hat, macht er sich auf und davo

„Am 3. September 1786 um 3 Uhr früh stahl ic
mich aus Karlsbad weg, man hätte mich sonst nic
fortgelassen", beginnt Goethe sein Tagebuch z
Italienischen Reise. „Hätte ich nicht den En
schluß gefaßt, den ich jetzt ausführe, so wär' ic
rein zugrunde gegangen und zu allem unfähig g
wesen."

Der kluge Wieland hat es vorausgesehe
„Goethe wird viel Gutes schaffen und viel Bös
hindern .... wird als Minister so groß sein, wie
als Autor war." Aber er behielt auch darin rech
„daß er als Dichter wenigstens auf viele Jahre f
die Welt verloren ist".

Goethe kommt wieder, was keiner zu hoffen g
wagt hat – und bleibt für immer, „mit großen A
forderungen an sich selbst", wie er Eckerman
später sagen wird. Aus Italien hat er Carl Augu

Charlotte von Stein war Goethes Weimarer „Seelenliebe“. Die fast 2000 Briefe und „Zettelgen“, die er ihr schrieb, sagen mehr über seine Ministerarbeit als amtliche Akten

gebeten: „Ich werde Ihnen mehr werden, als ich bisher war, wenn Sie mich das tun lassen, was niemand als ich tun kann und das übrige andern auftragen.“ Nach der Erhebung des Ländchens zum Großherzogtum und der Umwandlung des Geheimen Consiliums in ein Staatsministerium wird auch Goethe Staatsminister und sein Wirkungsbereich vereint zu einer „Oberaufsicht über die unmittelbaren Anstalten für Wissenschaften und Kunst in Weimar und Jena“.

Im Rückblick urteilt Goethe über seine Regierungsarbeit, die er im Weimarer Miniaturstaat vor der Italienischen Reise geleistet hat, strenger, als wir das heute tun. Ein „hübscher Traum, naiver Wahnsinn“ sei das gewesen. Der „Unbegriff des zu Leistenden“ habe zu einem „sisyphusschen Übernehmen“ geführt.

Richtig ist, daß Goethe sich für diesen Staat, für den er sich verantwortlich fühlte, abgerackert hat bis zur Selbstaufopferung. Er wollte „bessern“, wo immer er konnte, aber er „hielt ein für allemal am Bestehenden fest“. In Anspielung auf seinen Herzog und auf Friedrich den Großen sagte er zu Eckermann. „Soll ich denn also mit Gewalt ein Fürstenknecht sein, so ist es wenigstens mein Trost, daß ich doch nur der Knecht eines solchen bin, der selber ein Knecht des allgemein Besten ist.“

Goethe hat kein staatspolitisches Konzept entwickelt, kein Programm entworfen. Theoriegeleitete Reformeingriffe, wie sie Joseph II. vornahm, waren ihm nicht nur fremd, er lehnte sie entschieden ab. Danach kam gleich die Revolution, die Unordnung – für Goethe der schlimmste Greuel. „Alles für das Volk, nichts durch das Volk“, diese Formel für den aufgeklärten Absolutismus könnte über Goethes politischer Praxis stehen – sein Leben lang.

Und die Mahnung, die er 1784 Carl August schrieb, und die heute wie damals Maxime jeder Verwaltung sein sollte: „Man muß Hindernisse wegnehmen, Begriffe klären, Beispiele geben, alle Teilnehmer zu interessieren suchen – das ist freilich beschwerlicher als befehlen. Und nicht verändern *wollen*, sondern verändern.“

Hans Markus Thomsen, *geb. 1935, viele Jahre lang* MERIAN-*Redakteur, lebt als freier Autor in Hamburg.*

Graue Ex

Ein fast Vergessener von Rasse und Klasse erobert sich einen neuen Platz: der Weimaraner

Porträt eines Hof-Hundes

zellenz

Text: Emanuel Eckardt, Fotos: Wulf Brackrock

Weimaraner mit Schliff.

Bellt, wenn er darf. Und bringt, wenn er soll

Brendas Kinder schlafen. Wie atmende Graubrote liegen sie in der Wurfkiste, ofenwarm, sieben kleine Laibe. Sie sind zwölf Tage alt, mit milchgierigen Mäulern und unglaublich blauen Augen. In sechs Monaten werden sie den bernsteinfarbenen Blick des Habichts annehmen, ihr Fell wird in der silbergrauen Farbe schimmern, die für Weimaraner typisch ist. Und Brenda wird wieder ihren Beruf ausüben, als Jagdhund, schußfest und gelassen.

Weimaraner sind selten. Brenda lebt in den Jagdgründen von Keez in Mecklenburg, bei Kerstin Westhoff, die als Tierpädagogin eine Hundeschule betreibt. In Weimar gibt es nur noch einen Weimaraner, sieht man von den Alteingesessenen der 62 100 Weimarer ab, die sich auch gern Weimaraner nennen. Er heißt Carlo, arbeitet mit Vorliebe mit der Nase und verfügt über englische Sprachkenntnisse. Zumindest legt er sich flach auf den Boden, wenn die richtigen Leute „down!" zu ihm sagen.

Die Herkunft der grauen Weimaraner Vorstehhunde liegt im dunkeln. Sicher ist, daß sie wie Mops oder Pitbull, Lassie oder Kommissar Rex vom Wolf abstammen. Anfangs wurden sie nur in Thüringen gezüchtet. Vermutlich weil Carl August, Großherzog von Weimar und leidenschaftlicher Jäger, Graue Vorstehhunde hielt und züchtete, die ungefähr wie Weimaraner aussahen, werden sie seit 1897 so genannt. Dieser Carl August wäre übrigens längst vergessen, wäre er nicht das Herrchen eines J. W. v. Goethe gewesen, eines Weimaraners, der heute als bedeutender deutscher Dichter bekannt ist.

Sicher ist, daß Carl August seine Zeit ebenso gern mit seinen Vorstehhunden verbrachte wie mit dem Vorstehliteraten der deutschen Dichtkunst. Diese Weimaraner waren jedoch von völlig unterschiedlichem Schlag.

Der klassische Weimaraner hatte nur einen geringen Stirnansatz mit deutlich hervortretendem Hinterhauptbein. Vom Weimaraner Klassiker wissen wir, daß er einen „im Verhältnis zum Antlitz eher kleinen Hinterkopf, dafür eine mächtige Stirn, groß und stark zurückweichend", besaß. Sind beim Weimaraner die Behänge eher lang als kurz und werden leicht nach vorne gedreht getragen, so verfügt der Dichter über ein „recht großes Ohr, von besonders ausgebildeter Form".

Hat der Vorstehhund bernsteingelbe Augen mit auffallend kleiner Iris, so beschreiben Zeitgenossen Goethes Augen als „frisch und feurig, ein breiter blauer Kreis umschließt die braune Grundfarbe der Iris". Die Augen seien merkwürdig groß, die Pupillen braun, sie schienen Blitze zu strahlen. Hölderlin sah gar „viel Majestät im Blicke". Majestät waren ein Genie. „Die starke Entwickelung des Vorhauptes" sei die notwendige Bedingung eines kräftigen Geisteslebens, schreibt die *Zeitschrift für bildende Kunst* 1889 über die Physiognomie des Dichters. Möglicherweise gilt das auch für die „wohlgebildete Adlernase mit der fleischigen, nicht wenig herabhängenden Nasenspitze".

Der Weimaraner indes, der beim Großherzog auf dem Kutschbock sitzen durfte, zeigte einen „langen, kräftigen Fang mit leicht gebogenem Nasenrücken und dunkel fleischfarbenem Nasenschwamm", den wir allenfalls bei Dichtern beobachten, die der Trunksucht verfallen sind. Goethe stand übrigens, anders als der Weimaraner, der Jagd kritisch gegenüber. „Die Jagd ist doch immer was, und eine Art von Krieg", ließ er seinen Götz von Berlichingen sagen. Und in den „Xenien" wurde er noch deutlicher: „Reget sich was, gleich schießt der Jäger, ihm scheinet die Schöpfung, wie lebendig sie ist, für den Schnappsack gemacht."

Diese Charakterisierung der Jäger als raffgierige Ballermänner hat wahrscheinlich das Verhältnis des Geheimrats und Umweltministers zur Jägerschaft belastet. Vermutlich, um den Konflikt nicht auf die Spitze zu treiben, ließ er Faust sagen: „Dem Hunde, wenn er gut gezogen, wird selbst ein weiser Mann gewogen." In den „Römischen Elegien" schnappt er wieder zu: „Manche Töne sind mir Verdruß, doch bleibet am meisten Hundegebell mir verhaßt; kläffend zerreißt es mein Ohr."

Weimaraner
mit Biß.
Souverän,
scharf, spursicher

Rom ist nicht Weimar. Ein Weimaraner bellt nur, wenn er soll. Überhaupt gemahnen die geistig-seelischen Eigenschaften des Weimaraners nicht an italienische Mentalität: Die „fast aufdringliche Anhänglichkeit gegenüber seinem Führer, die Leichtführigkeit, das gezügelte Temperament und das planmäßige Arbeiten", das ihm im Schrifttum des Weimaraner-Klubs attestiert wird, läßt ihn als rein deutschen Charakter sichtbar werden.

Seit rund hundert Jahren wird der „Weimaraner" als Hund gezüchtet, (die erste Eintragung im Zuchtbuch findet sich 1898). Eine „Reinzucht" gibt es erst seit 1978. Um die Zucht verdient gemacht haben sich ein Graf Moltke, ein Prinz Ratibor sowie Rittergutsbesitzer und Jagdmaler. Ein Major Robert Herber (1867-1946) machte aus ihm erst den vorbildlichen Jagdhund.

„Macht aus euren Weimaranern keine Pointerlinge!" warnen die Wächter der reinen Rasse. Abweichler kreuzten ihn mit Pointern, um ihn schneller zu machen. Die neue Rasse „Deutsch-Halbblut" setzte sich aber nicht durch. Ein Pointer-Rüde schleppte schwere Zahnfehler ein. Das Zuchtregister wurde geschlossen. Beharrlich warnen die Zuchtwarte vor der Einkreuzung fremder Rassen, die sein ruhiges Wesen verändern könnten. Er sei kein Hetzer, sei prädestiniert für die Arbeit nach dem Schuß, lesen wir in den Schriften seiner Freunde. Vermutlich um die Distanz zum Literatur-Weimaraner zu betonen, haben sie eine eigene Sprache entwikkelt, eine Art jägerlateinisches Unterholz von Fachbegriffen, ein Deutsch zum Schießen, das sich souverän von allen Höhen der Dichtkunst entfernt hat. Der Weimaraner, heißt es da, „glänzt in der Schweißarbeit und beim Verlorenbringen". „Wo viel verloren wird, ist manches zu gewinnen", raunt Goethes Mephisto, ein Allgemeinplatz.

Ein Weimaraner weiß das. Er ist bringfreudig und ein klassischer Totverbeller. Was Goethe auf höherer Ebene durchaus nicht fremd war. Allerdings bellte er nie: „Ein irdischer Verlust ist zu bejammern, ein geistiger treibt zur Verzweiflung hin."(„Faust II"). Goethes Gangart war, vor allem in späteren Jahren, eher behäbig. Ein gut bemuskelter langer Rücken befähigt dagegen den Feld-, Wald- und Wiesen-Weimaraner zum raumgreifenden eleganten Galopp-Sprung. Er bewegt sich souverän und spursicher.

Die Rute des Weimaraners hat einen Hang zum Hängenlassen. Beim Langhaarwelpen wird sie in der Größe eines Weidenkätzchens kupiert, bei Kurzhaarwelpen halbe-halbe, eine Tierquälerei, die immer noch bei Jagdhunden erlaubt ist. Verwirrend ist die Haartracht beim Weimaraner. Es gibt Langhaarige, Weimaraner mit Stock- oder Kurzhaar, mit welligem Haar am Rücken, mit Andeutung von Hosen, aber stets Grau in Grau. Gelber Anflug ist verpönt. Die Behaarung sei derb und dicht, heißt es, hellsilbergrau, silbergrau, dunkelgrau, aschgrau, grau, hellgrau.

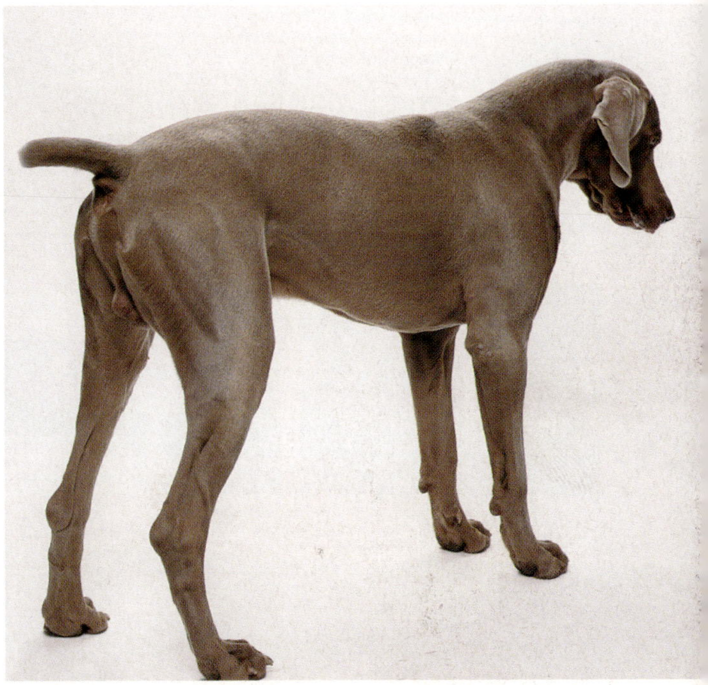

In Mode kommen die grauen Weimaraner. In Deutschland gibt es etwa 4000 dieser Rasse. Und längst wirbt das edel-graue Tier für Mercedes-Limousinen, schreitet diese elegante Synthese aus niederläufigem Schweißhundtyp und hochläufigem Feldhund durch die marmorne Ödnis von Düsseldorfer Shoppingcenters. Blaue Weimaraner machen in den USA von sich reden. Schickes Halbblut.

Die Zimmerhaltung ist der Natur des Weimaraners ebenso suspekt wie die langweilige Einzelhaft im Zwinger. Auch als Begleiter modebewußter Damen ist er schlicht unterfordert. Wo soll er denn hin mit seiner Wild- und Raubzeugschärfe? Die sei erblich verankert, wissen die Wächter seines Stammbaumes. Das heißt: Er jagt Katzen. „Dahin! Dahin möcht ich mit dir, o mein Beschützer, ziehn!" hätte Mignon zu ihrem Weimaraner sagen können. Er wäre nicht von ihrer Seite gewichen. Aber sein angewölfter Schutztrieb hätte ihn durchaus dazu verleiten können zuzubeißen, wäre sein Rudel oder seine Mignon bedroht gewesen. Das heißt aber auch: Mignon braucht eine starke Hand. Ein Weimaraner, heißt es beim Weimaraner-Klub, sollte nur an Jäger abgegeben werden, die ihn ständig trainieren und durch Prüfungen seine Fähigkeiten in geordnete Bahnen lenken. „Über vieles kann der Mensch zum Herrn sich machen", sagt Goethes Tasso, aber der hatte auch nie genug freie Wochenenden, um sich der Erziehung eines 40 Kilo schweren Kraftpakets mit Habichtaugen zu widmen.

Weimaraner lieben den sicheren Drosselgriff am frisch erlegten Schalenwild. Wer Stöberarbeit leisten soll, darf nicht zu kurz gehalten werden. Weimaraner brauchen Auslauf. Auch Brendas sieben Babies werden zu Naturburschen heranwachsen. Sie werden zur Schule gehen, die Verbandsjugendprüfung, die Zuchtprüfung und die Meisterprüfung als Jagdgebrauchshund ablegen. Schweißprüfung, Wasserprüfung. Weimaraner sind gewissermaßen Hunde mit Abitur, aber immer noch Naturwesen.

„Tiere", so spricht der große Weimaraner, seien doch nur „Zerrbilder des Menschen". Aber Weimaraner sind Weimaraner.

Emanuel Eckardt, *geb. 1942, ist freier Autor in Hamburg.*

www.cosmopolitan.de
COSMOPOLITAN
Nummer 1 · Januar 1999
5 DM
MOND-HOROSKOP
Alle erotischen Facts
bis zum Jahr 2002
Single und happy ins neue Jahr
Großer Test:
Ihre Strategie für
den perfekten
Solo-Auftritt
BEAUTY-REPORT
Schönheits-Experten
und wie sie beraten
DAS BLUFF-SYNDROM
Wenn Frauen ihr Erfolg
Angst macht
ROMANTISCHE
ABENDMODE
Was Sie brauchen,
um feste zu feiern

COSMOPOLITAN
Astro-Special
IHRE
MONDKURVEN
BIS 2002

Fotos: Fulvio Zanettini

Die Schwere faschistischer Architektur: das Portal des „Elephant“

Haus deutscher Geschichte: Hotel Elephant

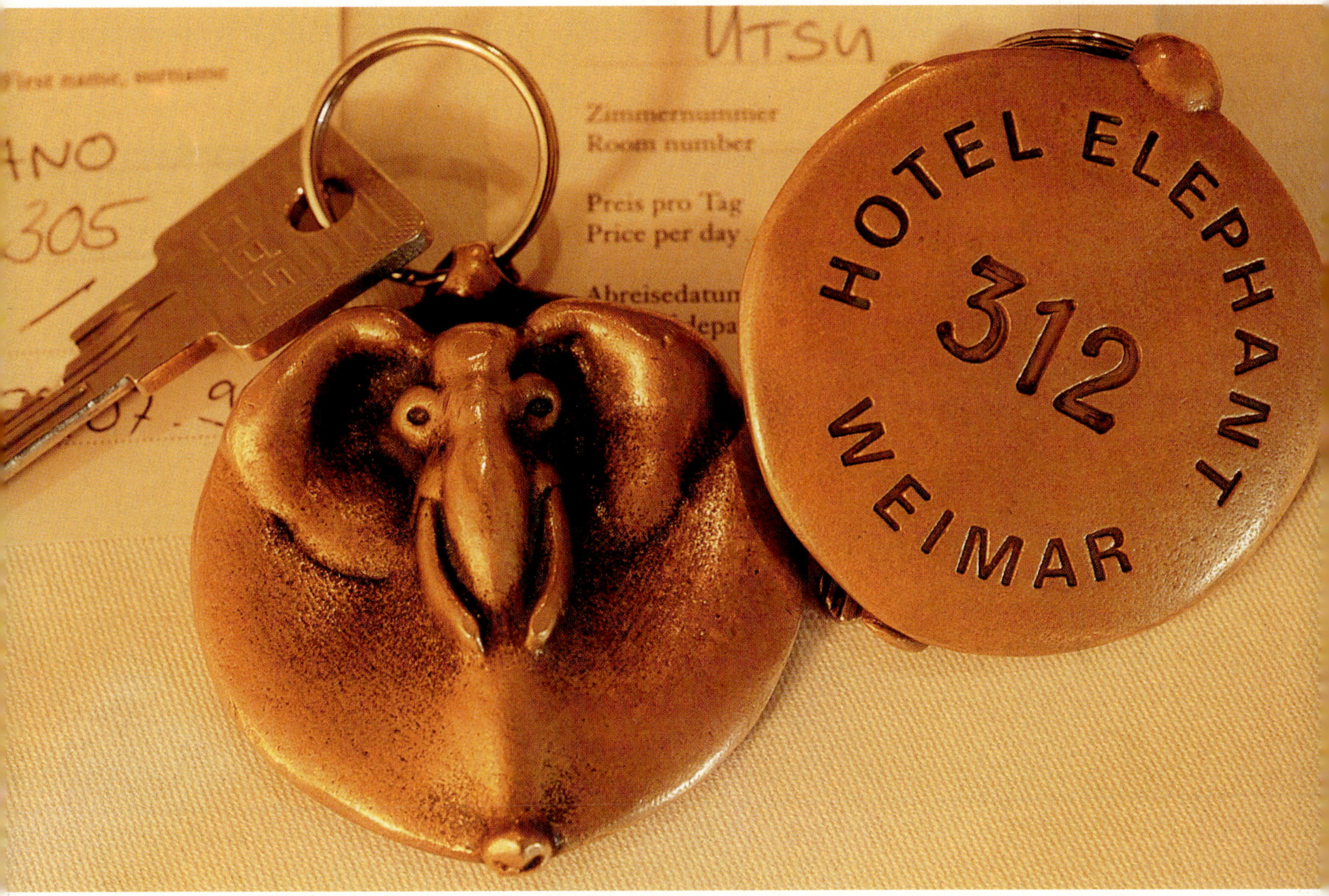

Das traditionsreichste deutsche Hotel trägt eine historische Last. Hitler war gern hier und hat es nach seinen Bedürfnissen neu bauen lassen. Heute jedoch verdient der „Elephant" alle Sympathie: durch herzliche Gastlichkeit, exzellenten Service und als Ort moderner Kunst. Text: Roger Anderson

Design und Kunst
trotzen heute erfolgreich
dem granitenen Zeitgeist der
1000jährigen Architektur

Im Mittelpunkt steht das Bemühen um den Gast: beim Zimmerservice wie an der Bar, wo Ulrich Brünicke seit 30 Jahren Cocktails mixt u

Dinner bei Kerzenlicht im Garten: ohne Säulen im Blickfeld romantisch

nks einschenkt.

Der Elephant ist zugleich eine Galerie der Moderne – im Foyer die Bronzefigur „Le peintre poète" von Sandro Chia

Fotos: Wilfried Bauer, Tina Hager, Fulvio Zanettini (2)

Der prominente Stammgast erwachte auch an diesem Morgen gewohnt zeitig. Nach Augenblicken der inneren Einkehr, in deren Verlauf er der Vorsehung für sein schicksalhaftes Auserwähltsein dankte, erhob er sich von seiner schlichten Bettstatt aus deutscher Eiche, machte ein paar Kniebeugen und begab sich dann mit ruhig festem Schritt ins Badezimmer, wo er sich mit deutscher Kernseife und deutschem Wasser einer gründlichen Säuberung unterzog. Wenig später ließ er sich ein vegetarisch-karges Frühstück servieren, das aus einem Brötchen, etwas Margarine, einem Kännchen Tee sowie aus einem weichen deutschen Landei bestand.

Er hatte es gerade geköpft, als vom Marktplatz her ein Ruf wie Donnerhall ertönte, als vieltausendstimmige Aufschreie wie Sturmwogen gegen Wände und Mauern brandeten, immer und immer wieder, in nimmermüder Wiederholung: „Lieber Führer, komm heraus, aus dem Elephantenhaus!". Über das Gesicht des Gerufenen huschte so etwas wie ein Lächeln. Kurzentschlossen gab er dem Ei den Rest, stand auf und trat ans Fenster. Während er seine Rechte zum deutschen Gruß aufwärts winkelte, durchfuhr ihn ein heiliger Schauer. Mein Volk, dachte er stolz, mein Reich, mein Weimar!

Der prominente Stammgast fühlte sich im 300jährigen Traditionshotel schon lange vor der Machtergreifung wie daheim, logierte in eigener Suite und ließ den altersschwachen Gebäudekomplex durch einen Neubau ersetzen. Dieser, 1937 eröffnet, glich dem damaligen Zeitgeist aus Granit und Gehorsam wie ein Zwilling dem anderen. Mit den in steinerne Rahmen eingezwängten Fenstern, den Dachgauben und dem Grüßbalkon in der Mitte verkörpert er jenen schlichten, gleichwie bedrohlichen Baustil der Nazis.

Begäbe sich deren Oberster in unseren Tagen in sein Lieblingshotel, so liefe er ideologisch gleich mehrmals ins offene Messer. Bereits in der Eingangshalle ein erstes Stutzen: kein kerzengerader Herrenmensch weit und breit, kein schneidiges Hackengeknalle auf Marmorfliesen; bloß kulturbeflissenes älteres Semester in lascher Haltung. Kein Personal in Hab-Acht-Stellung, sondern gute Geister von natürlicher Herzlichkeit, dezent und lautlos effizient. Und was lauert in allen Sälen, Zimmern und Fluren? Entartete Kunst! Dekadentes, Artfremdes; angefangen von Beckmann, Kandinsky, Klee bis zu Baselitz und Lüpertz. Dann die eigene Suite: verschandelt. Die Sitzgruppe – Rotfrontrot! Die Liegestatt aus deutscher Eiche: verschwunden! Statt ihrer ein schwüles Franzosenbett, mit einer Zeichnung darüber, auf der sich ein halbnackter Jüngling dermaßen gewunden krümmt, als hätte er vom Sprichwort „Not kennt kein Gebot" noch nie etwas gehört.

Wenig später im Bistro der endgültige Kollaps. Gerade, als ein Bediensteter vermeldet: „Die schöne Drehtür, die Sie hier sehen, haben wir aus dem Savoy in London. Sir Winston Churchill soll sie mehrfach benutzt haben".

Die Drehtür drehte sich noch ahnungslos in London, als der Bonzenherrschaft der Nazis im östlichen Deutschland ein Regime folgte, das wiederum eine Utopie zur Doktrin er-

Nach der Wende wurde das Hotel „Elephant" vom ganzen faschistischen und sozialistischen Plunder befreit und mit viel Kunstsinn vollkommen neugestaltet

Im Restaurant Anna Amalia: Chefkoch Marcello Fabbri und Oliver Paul haben deutsche und italienische Speisen zu kulinarischen Höhen gefü

Wie ein Stilleben: Gästezimmer mit nachempfundenem Art déco-Mobiliar

Wucht der Fassade und der Räume: Im Richard-Wagner-Saal gibt ein Nibelungen-Zyklus von Jiři Georg Dokoupil der Halle Leichtigkeit

hob. Vom Augenblick an, als die Staatsampel von Kackbraun auf Blutrot wechselte, verkündeten die Machthaber den Aufbruch zu einer neuen Gesellschaft. Der sozialistische Grauschleier, der sich auf alles und jedes legte, befiel auch die Gastronomie. Den besseren Hotels wurden die Vorsilben „Inter" verpaßt, auf den Speisenkarten tauchte Russisches wie Borschtsch, Soljanka und Pelmeni auf, und vor den Restaurants standen sich die Genossen aus Nowosibirsk und Leuna am Stoppschild – „Warten Sie hier! Sie werden vom Oberkellner plaziert!" – die Beine in den Bauch.

Für den Elephant begann der sozialistische Hotelalltag freilich erst zehn Jahre nach Kriegsende. Seine Wiedereröffnung verdankte er zum einen Friedrich Schiller, der vor exakt 150 Jahren gestorben war, und zum anderen Thomas Mann, dem mit dem Goethepreis auch die Ehrenbürgerwürde verliehen wurde. Hatte er doch in seinem Roman „Lotte in Weimar" die Stadt und deren größten Geist, speziell aber auch den Elephant gar so trefflich beschrieben! Mit einem artigen Lob gab Thomas Mann dem neuen Gästebuch die erste Weihe: Ulbricht und Genossen samt Staatsgästen machten es ihm um einiges überschwenglicher nach.

Mit einem Schlag war der Elephant wieder eine allererste Adresse – und fast so berühmt wie im letzten Viertel des 18. Jahrhunderts, als er Goethes Besuchern als standesgemäße Bleibe zu dienen begann und ihn Franz Grillparzer voll Ehrfurcht „Das Vorzimmer zu Weimars lebender Walhalla" nannte.

Damals umfaßte der seit der Eröffnung im Jahre 1696 mehrfach umgebaute und vergrößerte Gebäudekomplex 14 Stuben, 14 kleinere Kammern, einen Wein- und mehrere Bierkeller, einen großen Garten sowie eine Stallung für hundert Pferde.

Allerdings boten die Hotels jener Tage, gemessen am heutigen Standard, den Komfort einer gehobenen Obdachlosenunterkunft: weder Badezimmer noch Toiletten, geschweige denn warme Duschen oder beheizte Fliesen. Außer einer Bettstatt und einem Nachttopf gab es lediglich in der höheren Preisklasse weiteres Mobiliar für die Kauf- und Handelsleute. Nur das allgegenwärtige Ungeziefer schaute weder auf Rang noch Geldbeutel. Nächtliche Hinterlassenschaften wurden aus den oberen Etagen unverhofft auf den Bürgersteig gekippt. Wer damals selbst an regenfreien Tagen mit einem aufgespannten Schirm unterwegs war, galt nicht unbedingt als Lustwandler.

Seitdem ist alles besser geworden, und auch der Fremde kann auf dem Weg zum Goethe-Haus ungestört darüber nachsinnen, wer denn nach Weimar kommen und im Elephant übernachten würde, wenn es deren berühmtesten Berühmtmacher – ein Herder und ein Wieland waren immerhin auch vorhanden – nicht gegeben hätte.

Johann Wolfgang von Goethe! Ein Wundermann, nicht mit Worten zu beschreiben und bereits zu Lebzeiten ein Denkmal und Wallfahrtsziel. Heine, Grillparzer, Hölderlin und Hebbel suchten seine Nähe, und wenn sie in Weimar nach einem Gasthaus fragten, dann hieß es meist: „Fahren Sie zum..." Wohin? Dreimal dürfen Sie raten.

Dieser Tip wurde zum Dauerrenner. Nach Goethes Tod befolgten ihn die Musiker um Franz Liszt, dann die Bauhaus-Architekten um Walter Gropius, dann die Abgeordneten der Weimarer Nationalversammlung und... aber von denen war schon die Rede.

Und heute? Zumindest seit 1993 ist der Urtip heißer denn je. In jenem Jahr wurde der Elephant von seinem faschistischen und sozialistischen Plunder befreit und im Inneren mit glücklicher Hand neu gestaltet. In die Bäder zog Art déco-Ornamentik ein, in die 102 Suiten und Zimmer kam Bauhaus- und Art déco-Mobiliar.

Einen hervorragenden Ruf hat der Elephant schließlich auch mit seinen Veranstaltungen „Kultur am Markt" gewonnen: musikalisch-literarischen Themenreisen, Piano-Abenden in der Franz Liszt Bar und Szenischen Lesungen mit Prominenten. In diesem Hotel ist nichts ohne Anspruch. Entsprechend fühlt sich der Gast.

Nur manchmal, vornehmlich nachts, wenn der angenehme, weil gekonnt unangestrengte Kempinski-Service sich und anderen die wohlverdiente Ruhe gönnt, kann es in den langen Fluren geschehen, daß der späte Heimkehrer plötzlich seltsame Töne zu hören glaubt. Er bleibt stehen, lauscht. Eine Schalmei, zu dieser Stunde? Dann Schritte. Sie kommen näher und näher, unsichtbar, körperlos, wie aus einer anderen Welt. Sollte gar etwa der von ehedem ... als Untoter? Dann, im nächsten Augenblick, tritt er leibhaftig aus einem Quergang und schlurft, zum Anfassen nah, grußlos vorbei.

Wie gut, daß er anno 1999 Udo Lindenberg heißt.

Roger Anderson, *1930 geboren, ist Buchautor und Journalist in München.*

Fotos: Tina Hager (2), Marc-Oliver Schulz, Winfried Bauer

Im Buchhandel erhältlich.

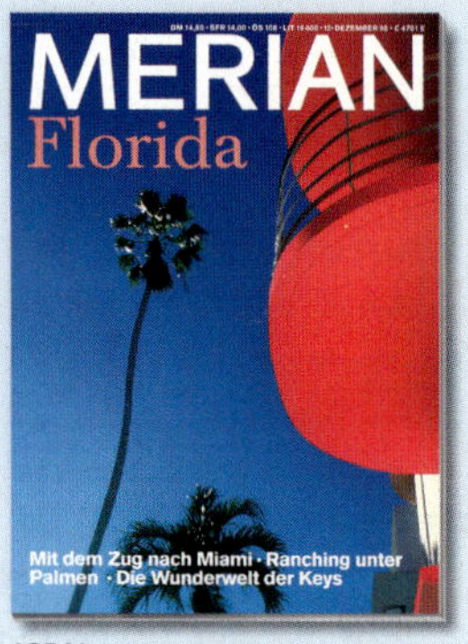

ISBN 3-7742-9812-5

ISBN 3-7742-9811-4

ISBN 3-7742-9810-6

ISBN 3-7742-9809-2

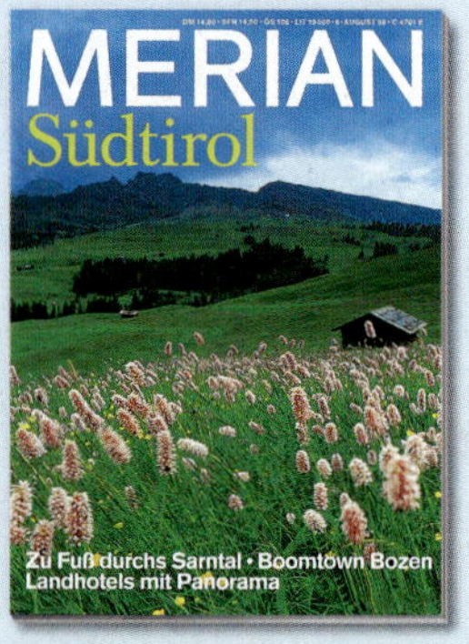

ISBN 3-7742-9808-4

ISBN 3-7742-9807-6

ISBN 3-7742-9806-8

ISBN 3-7742-9805-X

ISBN 3-7742-9804-1

ISBN 3-7742-9803-3

ISBN 3-7742-9802-5

ISBN 3-7742-9801-7

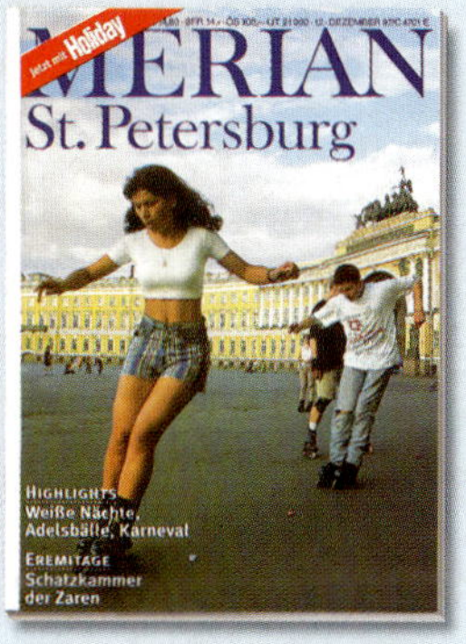

ISBN 3-7742-9712-6

ISBN 3-7742-9711-8

ISBN 3-7742-9710-X

ISBN 3-7742-9709-6

ISBN 3-7742-9708-8

ISBN 3-7742-9707-X

ISBN 3-7742-9705-3

ISBN 3-7742-9703-7

ISBN 3-7742-9702-9

ISBN 3-7742-9612-X

ISBN 3-7742-9611-1

ISBN 3-7742-9610-3

ISBN 3-7742-9608-1

ISBN 3-7742-9605-7

ISBN 3-7742-9604-9

ISBN 3-7742-9602-2

MERIAN

Die Lust am Reisen.

Gitta Kratzsch-Krohn fiel der Abschied vom Theater nicht schwer. Im Klub der alten Mimen (unten deren bisheriges Domizil, die „Ur-Marie“) wird sie aber auf jeden Fall zum Weinfest Tucholsky lesen

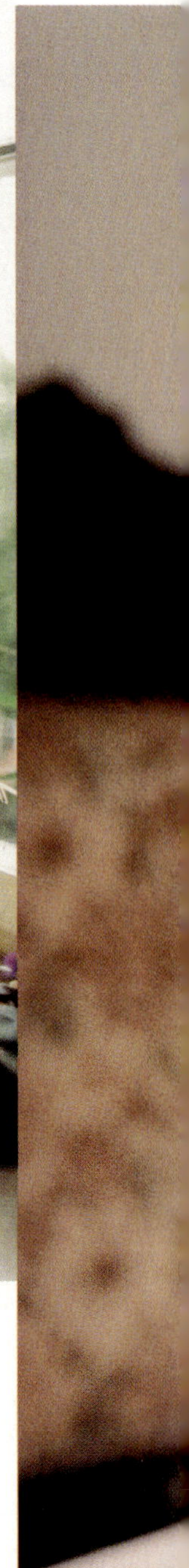

Letzte

Die Arien verklungen, die Vorhänge gefallen, die Lorbeerkränze am Garderobenhaken. Doch im Marie-Seebach-Stift, dem einzigen deutschen Seniorenheim für Bühnenkünstler, spielen die Diven und Heldentenöre ihre Rollen täglich neu

Text: Thomas Gebhardt, Fotos: Ulrike Schamoni

Rosen ehedem zum Finale, Rosen heute zur Freude und Begrüßung im stilvollen Foyer des Stiftshauses 2

Spielzeit

Das Ensemble der Seebachianer stand noch

Rudolf Wallack, auf einem Szenenfoto als Tänzer im Ballett „Das Recht des Herrn“, hat ein ganzes Bühnenleben archiviert

ie im Rampenlicht

Helene Grunert war mehr als drei Jahrzehnte lang Wirtschafterin im Seebach-Stift. Sie blieb.

Wie die Lindner über den langen Flur geht. Kerzengerade. Immer die Mitte des Gangs im Blick. So kommt von der Bühne, wer sich seiner Hauptrolle bewußt ist. Dem Eleven und Statisten bis an die Tür zur Privatgarderobe ehrfürchtig Platz machen. Und da ist Rudolf Wallack – „mit a-l-l-a-c-k, ganz wichtig, immerhin der letzte im deutschsprachigen Raum“: wie er als Maître de plaisier die Damen unterhält. Beim abendlichen Kümmerling.

So weiß nur aufzutrumpfen, wer dem Geschehen „immer ein paar Takte voraus“ ist, damit die Inszenierung läuft. Überhaupt, wie sie alle ständig einen Klassiker parat haben und sich mit glasklarer Artikulation die Bälle zuspielen, weil jede Lebenslage für ein Zitat taugt. So parliert nur, wem die Welt eine Bühne ist, und das Theater ein Zuhause.

Vorbei, vorbei. Doch sie spielen immer noch. „Dein Aug‘ von Schnittlauch grün“, deklamiert Kurt Scharff und schaut in die Kaffeerunde: „Na?“ Wolfgang Desch weiß es sofort. Shakespeare. Ganz klar: „Sommernachtstraum“. Woraus sonst? Und darum das wohlplazierte Zitat: Im Marie-Seebach-Stift in Weimar, Deutschlands einzigem Altenheim für Bühnenkünstler, steht Ei mit Schnittlauch auf dem Speisezettel.

Dieses etwas andere Altersheim liegt oberhalb des Parks an der Ilm, dort, wo die Klassikerstadt stiller wird, weil es vermeintlich nichts Klassisches mehr zu entdecken gibt. In drei stattlichen Villen, gerade mal zehn Minuten von Goethes Gartenhaus entfernt, haben sich die Stars und Sternchen von gestern nicht als Künstlerkolonie, aber in einer Kolonie alter Künstler zusammengefunden. Und jeder spielt sich so gut er noch kann.

„Übrigens, wir sagen ‚Stift‘, nicht ‚Altersheim‘ “, erklärt Wallack. Der Wagnerianer hat zum Cappuccino geladen. Sein Zimmer ist gemütlich, wie ein kleines Reich von vier mal fünf Metern eben sein kann, wenn darin die Kulissen eines Lebens Platz finden müssen. Tisch und Stühle, Sofa, Sessel, davor ein Bänkchen, um die Beine hochzulegen, wenn die Abendvorstellung im Fernsehen beginnt oder Wallack den Plattenspieler aufdreht.

Einmal sind sie mit ihm durchgegangen. „Ariadne auf Naxos“ von Richard Strauss hatte er aufgelegt und „voll Stoff gegeben, die Aufnahme mit Jessye Norman, Sie wissen schon“. Weil es doch etwas laut war, ging er am nächsten Morgen eine Treppe tiefer, um sich bei Frau Dr. Jutta Hecker zu entschuldigen. „Ach, Herr Wallack, die Ariadne ist eine so schöne Oper“, sagte die freundlich, „ich war von Anfang bis Ende mit dabei…“

Deswegen ist man schließlich hier, sagt Wallack mit Befriedigung: um von der Theatergemeinde nicht ganz zu lassen, sich immer auf ein Schwätzchen einzufinden und zu wissen, es ist jemand da, falls mal was passiert. Nur kurz hatte er an seiner Entscheidung gezweifelt. Als die früheren Kollegen auf ihn einhämmerten: „Rudolf, du bist verrückt, stehst doch noch voll im Leben.“

Eben drum feierte er seinen 65. Geburtstag bereits im Stift. Um der Einsamkeit nach dem letzten Vorhang zuvorzukommen. Ins NT, das Weimarer Nationaltheater, wo er dreieinhalb Jahrzehnte Chefinspizient war, geht Wallack nur noch zu Premieren. Weil er dort alle „seit anno knuff“ kennt und sich anfangs schlecht lösen konnte. Immer um sein altes Inspizientenpult schlich oder in der Kantine saß. Wer in Rente geht, ist draußen, das muß man akzeptieren: er sagt es so, daß man nicht den Eindruck hat, es fehle etwas.

Punkt halb eins kommt Bewegung in die Häuser an der Tiefurter Allee. Draußen rauschen die Kastanien, und drinnen klappern die Türen. Einzig beim Mittagessen treffen sich alle – Darsteller und Publikum zugleich. Drum werfen sie vor dem Speisesaal nochmals einen Blick in den Spiegel. Frisur, Kostüm, Krawatte? Sitzt. Jeder bemüht sich, der letzte zu sein. Denn wer zuletzt auftritt, erntet immer das größte Hallo.

Wolfgang Desch und (stehend) Kurt Scharff: ein eingespieltes Duo

Alles Theater. We

„Bitte keine Presse, nur Ihre Leute", bat Götz George. In wenigen Tagen wird er erwartet. „Beruf: Schauspieler" heißt die ihm gewidmete Ausstellung in der Seebach-Galerie. Egal, wen sie anruft, bemerkt Doris Jacob, ob Peter Schreier, Ruth-Maria Kubitschek oder Michael Heltau, die kommen alle für einen Abend. Ohne Gage. Das Seebach-Stift ist eine Institution.

Stühlerutschen bis die Lampen verlöschen und der Projektor anläuft. „Ich bin nur hier, weil es um Stralsund geht", raunzt mir Gitta Kratzsch-Krohn zu, die als Sängerin und Schauspielerin dort am Theater war. Ob der Abschied schwerfiel, will ich von ihr wissen. Nein, sagt sie, wir Theaterleute sind Wechsel gewöhnt. Jede Veränderung ist eine neue Chance. Sie sagt es genauso aufgeräumt, wie sie zuvor verneint hatte, noch Gesangsübungen zu machen. „Me-me-me-ne-wa-de. Alles Quatsch, man muß aufhören können."

Als ihr 50. Bühnenjubiläum und der 70. Geburtstag auf einen Tag fielen, stand sie im Schwank „Weekend in Paradise" auf den Brettern. Zum letzten Mal. Trat ab, ohne Zugabe. Im Speisesaal des Seebach-Stifts wartete der große Bahnhof: „Die Gitta", tönte es von allen Seiten, „die Gitta". Die Egerer kannte sie vom Theater in Zwickau, den Bolze aus Görlitzer Tagen, der war Bariton, und der Welser-Welsinger ihr Bühnenpartner in Dresden. Auch schon wieder zehn Jahre her.

Niemand läßt diese eine Geschichte aus, weil sie geradewegs ins frühere Leben führt: daß man sich am Ende einer Spielzeit, wenn alle der Sommerpause und viele ihren neuen Engagements zustrebten, mit den immer gleichen Worten voneinander verabschiedete: „Na dann bis später im Seebach-Stift!" Bis in die fünfziger Jahre hatte der Satz Geltung von Greifswald bis Lindau. Dann teilte der Mauerbau auch die Theaterszene, so daß die alten Mimen noch im Jahre neun nach der Wiedervereinigung sämtlich von den Bühnen der DDR kommen. Die meisten wohnen seit dem Herbst 1997 in einem Neubau, erstmals mit eigenem Bad und Balkon sowie Ausblick auf die „Ur-Marie", wie sie die Gründerzeit-Villa von 1895 nennen. Dort mußte man sich pro Stockwerk ein

Die Sitzordnungen sind Gesetz, und Hauspuschen verpönt, erklärt Wolfgang Desch, 67 Jahre alt, Ex-Haudegen und jugendlicher Liebhaber, der vor allem aber solche gespielt hat, die man gemeinhin Bürgerschreck nennt. Zuletzt am Leipziger Schauspielhaus, bis dem Diabetes-Kranken ein Bein abgenommen wurde. Das war vor anderthalb Jahrzehnten. Jetzt sitzt er, von Anfang an der Benjamin im Stift, im Rollstuhl. Doch richtig heimisch sei er erst geworden, als er „den Kurti kennenlernte". Der wird bald 90.

Laut Satzung des Seebach-Stifts besteht der alleinige Zweck darin, alten Mimen „durch Gewährung der Verpflegung ein möglichst sorgenfreies Leben" zu ermöglichen. 1895, als die auf mehreren Kontinenten gefeierte Schauspielerin Marie Seebach das Stift für alte, in Not geratene Schauspieler gründete, mag das so gewesen sein. Das Weimarer Haus wurde damit auch zum Vorbild für das Künstlerheim Casa Verdi in Mailand.

Das Stift bietet heute mehr als nur Verpflegung. Die Litfaßsäule am Eingang ist vollgepinnt. Das Nationaltheater lädt die Seebachianer zu allen Generalproben. „Mit Häkeln, Kochkursen oder einer Laienspielgruppe darf ich meinen Leuten nicht kommen", sagt die resolute Frau Jacob. Sie managt die Kultur im Stift und ist den Alten Tochter und Mutter zugleich. Im Monatsprogramm finden sich ein Dutzend Lesungen, Diskussionsrunden und Konzerte. Das „Quatuor pour la fin du temps" von Olivier Messian steht demnächst auf dem Programm, und meistens stellen sich viele Weimarer ein, wenn bei Seebachs was los ist. In den Konzertsaal des Stifts passen 200 Besucher.

zuletzt auftritt, erntet das größte Hallo

Charlotte Lindner mit dem Lied: „Mein Gott, was sind die Männer dumm!“ Die Diva sang alle Millöckers rauf und runter

einziges Bad teilen. Das Haus wird derzeit restauriert. Mit den Bewohnern zogen die Ausstellungsstücke des Marie-Seebach-Museums um, letztere ins wenige hundert Meter entfernte Haus 2.

Auch das Theatergeschichte: Bilder aller deutscher Bühnen auf den Fluren, die Klassikerausgaben in den Vitrinen zählen nach Metern. Gegenüber der Standuhr im Foyer, die zur vollen Stunde „Gaudeamus igitur“ intoniert, hängt ein altes Plakat. Es lädt zum „Tage der feierlichen Enthüllung der Dichterdenkmäler“, am Freitag, den 4. September 1857, ins Theater. Auch Egmont und Faust stehen auf dem Programm, mit Frl. Seebach sowohl als Clärchen wie auch als Gretchen. Der „Stern des Nordens“, wie die Seebach vormals gepriesen wurde, in zwei Traumrollen.

An anderes wird nicht erinnert. Im Juni 1937 rollte aus Berlin die halbe Nazi-Elite an, um die Einweihung des Emmy-Göring-Stifts zu feiern. Göring, Himmler, auch Gründgens. Göring hatte tief in die NSDAP- Kassen gegriffen. Emmy Sonnemann, seine zweite Frau, wollte ebenfalls als Wohltäterin in die Theatergeschichte eingehen – für „arische Bühnenkünstler“, versteht sich. 1945 überpinselte man den Schriftzug über der Tür, schliff Görings Wappen aus den schweren Stühlen und machte diesen Teil der Stiftshistorie vergessen. Wallack aber erinnert sich genau, er war als Pimpf dabei, als die Hakenkreuzfahne am Mast neben dem Goldfischteich aufgezogen wurde.

Auch Charlotte Lindner erzählt die Geschichte vieler Abschiede. Merkwürdig nur, sagt sie, merkwürdig, daß man dabei nie an das eigene Alter gedacht hat. Sie ist hoch in den Siebzigern und trauert noch immer ihrem hohen C hinterher. „Deiner Stimme Klang hüllt wie ein warmer Regen im Mai'n“, singt sie leise: die zierliche Lindner, die das graue Haar kurz trägt und das schöne Altfrauengesicht zart gecremt. Ich habe sie auf einer Bank vor dem Haus abgepaßt, weil an ihrer Tür ein Zettel hängt: „Ruhe! Bis 16.00 Uhr! L.“ Und auch danach öffnete niemand. Rechtfertigt sie sich: „Theaterleute werden doch erst wach, wenn die Lichter angehen.“ In 140 Operetten und Opern stand sie auf der Bühne. In Nordhausen, Ende der Vierziger, sang sie die Millöckers und Lehárs rauf und runter: „Da war ich schon Diva!“

Maria Heyse, die Soubrette und lyrische Operettensängerin

Achtunddreißig Menschen und ebenso viele Biographien (oder viele, viele mehr) leben in den Häusern an der Tiefurter Allee. Ohne Stell- oder Registerproben, denn das Durchschnittsalter liegt bei 85 Jahren. Da sitzen die Posen – oder sind längst vergessen. In der Morgenstunde wachsen der Phantasie Flügel. Desch macht seine Sprechübungen. Unmodulierte, zustoßende Sätze. Dann plötzlich gibt er den Nachdenklichen. Setzt sparsame Akzente, bis er beängstigend lange ein Wort festhält, um es endlich herauszureißen, damit es, abgelöst von einem verachtenden Zucken um die Lippen, bis zum letzten Platz dräut: „Ist auf der Erde ewig dir nichts recht?“

Gerade probt Desch Passagen von Eichendorff, „Aus dem Leben eines Taugenichts“, die will er zum Weinfest in 14 Tagen bringen. Gitta Kratzsch-Krohn wird Tucholsky lesen, und die Lindner hat sich das Lied „Mein Gott, was sind die Männer dumm“ ausgesucht. Dreimal war sie verheiratet, „das hat sich zusammengeleppert“. Auch Kurt Scharff steckt in Vorbereitungen. Der alte Violinist malt Aquarelle, seit er den Bogen aus der Hand legte und die Zeiten vorbei sind, als er jede noch so gut dotierte Orchesterstelle mit Dvořáks „Violinkonzert a-moll“ holte. Jetzt Stilleben und Landschaften, groß und klein. Zu seinem Neunzigsten will Frau Jacob eine Ausstellung eröffnen, Scharffs erste. Verbunden mit einer Uraufführung. Studenten der Musikhochschule üben schon Scharffs „Variationen für Violine und Klavier“ ein.

Sont stehen die Seebachianer nicht mehr auf der Bühne. Einzig Brigitte Renner tritt seit einiger Zeit wieder auf. In der *RTL*-Serie „Hinter Gittern. Der Frauenknast“ spielt sie eine Krankenschwester, die wegen Sterbehilfe einrücken mußte. Die Renner fährt dann und wann für zwei, drei Wochen nach Berlin, um neue Folgen abzudrehen. Montags gehen deshalb im Seebach-Stift die Fernseher an. Das ist man der Kollegin schuldig. Das Wissen voneinander ist groß und das Verhältnis zueinander sortiert.

Es ist schwer, das Leben im nachhinein zu sortieren. Noch schwieriger, Trauer durchzustehen. Die ist schon gestorben, der ist schon tot, sagt Wolfgang Desch immer wieder, während er mir die Fotos seines Bühnenlebens zeigt. Damit bleibt am Ende jeder allein, bemerkt er.

Hinter der Goethe-Schiller-Gruft hat das Stift seinen Urnenhain. Sieben Stelen und im Sandstein verwitternde Namen, die kaum noch jemand kennt. Mehr als 150 Seebachianer hat man hier bestattet und seit 1989 keine Namen mehr in den Stein gravieren können, wie der Stiftsleiter Thomas Rühlemann erklärt. „Jeder Buchstabe kostet

Sitzordnunger

Brigitte Renner (links, mit Maria Heyse) spielt noch in einer TV-Serie

zehn Mark, und fast alle trugen Doppelnamen, aber das Geld wurde für anderes gebraucht." Jetzt läßt er die fehlenden Namen ergänzen.

Mit der Wende kam auch für das Stift die Wende. Anders als erwartet. Die Zahlungen aus der DDR-Staatskasse fielen weg, das „einzige Altersheim für Bühnenkünstler beider deutscher Staaten" war erstmals in seiner Existenz bedroht. In anderen Heimen stünden Betten leer, hieß es. Gebhard Kauer, Vorstandsvorsitzender des Stifts, hat den Haushalt mit Hilfe von Bund und Land wieder auf solide Füße gestellt. Doch mehr als die Hälfte der Bewohner lebt von der Sozialhilfe.

An meinem letzten Tag in Weimar treffe ich die Lindner auf dem langen Flur. „Kommen Sie doch noch mal, ich will Ihnen was zeigen!" Sie führt mich in ihr Allerheiligstes und erzählt vom Landestheater Dessau, wo sie zuletzt auf der Bühne stand: „Waren Sie mal drinnen? – Nein? Dort brauchen Sie keine Stimmbänder, dort brauchen Sie Eisenbahnschienen, sonst sind Sie schon in der fünften Reihe nicht mehr zu hören." An der Wand hängen drei Bilder: die Lindner mit geschürztem Rock, die Lindner mit Bühnenpartner. „Schauen Sie nur genau hin, ich war nicht immer so zerknittert!" sagt sie und guckt mich durch die getönte Brille mit großen Augen an. – Ach Frau Lindner, wenn Sie wüßten…

Thomas Gebhardt, *geboren 1962, mehrere Jahre Mitglied der* MERIAN-*Redaktion, arbeitet als freier Reporter und Buchautor in Hamburg.*
Ulrike Schamoni, *geboren 1966, lebt als freie Fotografin in Berlin und New York.*

ind Gesetz, Puschen an den Füßen verpönt

Fürstliche Landpartie

Weimars Herrschaften wußten zu leben: Den Winter verbrachten sie in der Stadt, im Sommer aber zogen sie aufs Land und luden Dichter und Musiker ein zur Unterhaltung in ihre Lustschlösser. MERIAN besucht die Parks und Residenzen

Schloß Belvedere

Das weit im Süden der Stadt, jedoch bereits in ländlicher Umgebung gelegene „Sanssouci der Herzöge von Weimar" gehört zu den 22 Jagdhäusern und Lustschlössern, die Ernst August in der ersten Hälfte des 18. Jahrhunderts rund um die Stadt anlegen ließ. Belvedere, Schöne Aussicht: Wer von diesem auf einer Anhöhe thronenden Schloß auf Weimar hinunterblickt, weiß, daß sich der Herzog zu Recht für diesen Namen entschied.

Schloß Belvedere wurde von 1975 bis 1992 restauriert – ein Geduldsspiel vor allem bei den Arbeiten an der Stuckdekoration im Rokokomuseum. Dort werden kostbare kunsthandwerkliche Sammlungen des 17. und 18. Jahrhunderts, Porzellan und ostasiatische Keramiken präsentiert.

Viele Besucher kommen allein wegen des Schloßparks nach Belvedere und lassen sich vor allem zur Blütezeit von diesem Landschaftspark im englischen Stil mit Rondells, Rabatten, Laubengängen, Labyrinthen und einem Heckentheater bezaubern. Formstreng dagegen ist der Russische Garten, den die Fürstin Maria Pawlowna, Enkelin Katharinas der Großen und Schwiegertochter von Herzog Carl August, anlegen ließ. In der Orangerie, um 1740 gebaut, gedeiht eine der reichsten Pflanzensammlungen Europas – mit Zedern und Agaven, Orangen-, Feigen- und Drachenbäumen. Eine Erholungspause können die Parkflaneure auf der Liegewiese genießen, zu der zuweilen Klänge von der Franz-Liszt-Musikschule herüberwehen.

Fotos: Marc-Oliver Schulz, Raffaele Celentano

Die Kavaliershäuser von Belvedere (oben) sind nach Haydn und Mozart benannt. Rechts das marmorverzierte Treppenhaus

Die morbiden Fassaden von Schloß Ettersburg: Jetzt wird die Residenz am Berg gründlich restauriert

Das Landgut Oßmannstedt: Brunnen, Bassins und Putten im Rokoko-Garten

Fotos: Raffaele Celentano

Schloß Ettersburg

Vor zweihundert Jahren war die Ettersburg der kulturelle Mittelpunkt der Weimarer Gesellschaft. Anna Amalia, Herzogin von Sachsen-Weimar, lud von 1776 an mehrere Jahre lang die Gäste ihres Musenhofes in diese Sommerresidenz. Schiller vollendete hier sein Drama „Maria Stuart", Goethe agierte vor der Hofgesellschaft als Orest in der „Iphigenie auf Tauris" und organisierte in einem kleinen Naturtheater Liebhaberaufführungen eigener Werke. Herzog Wilhelm Ernst hatte das Anwesen in den Jahren 1706 bis 1712 als dreiflügeliges Jagdschloß auf dem Ettersberg an der Stelle eines alten Augustiner-Chorherren-Stifts errichten lassen. Wenige Jahrzehnte später erfolgte der Ausbau im repräsentativeren Barockstil. Schließlich nahm sich Hermann Fürst von Pückler-Muskau des zum Schloß gehörenden Waldes an und gestaltete ihn zu einem Landschaftspark um, dessen Mittelpunkt eine hangabfallende, direkt auf das Schloß hinführende Wiese ist. Wenn sich Schloß Ettersburg gegenwärtig auch in heruntergekommenem Zustand präsentiert – Restaurierungsarbeiten sind im Gange –, so hat die Gesamtanlage doch einen märchenhaften Charme.

Gut Oßmannstedt

Ein in Ziegelstein gemauerter, gelb getünchter Vierflügelbau gruppiert um einen kleinen sonnigen Hof. Das Gut des Philosophen, Dichters und Prinzenerziehers Christoph Martin Wieland hat wenig Herrschaftliches, wirkt eher bäuerlich. Der Autor des „Oberon" und der „Geschichte des Agaton" und Herausgeber des *Teutschen Merkur* erfüllte sich einen langgehegten Wunsch, als er 1797 mit Frau, zwei Söhnen, vier Töchtern und vier Enkelkindern hierher aufs Land zog, um „ganz mein eigner Herr" zu sein.

Das Anwesen, 14 Kilometer nordöstlich von Weimar, hatte der Reichsgraf Heinrich von Bünau errichten lassen. Um das großzügige Haus wurde ein hübscher Park mit Rokokogarten angelegt – bis heute ist er ein Schmuckstück geblieben.

Wie die anderen Herrschaftssitze um Weimar wurde auch Gut Oßmannstedt zu einem Zentrum des literarischen Lebens der deutschen Klassik. Goethe kam häufig vorbei, Herder, Jean Paul, Sophie und Clemens Brentano waren gerngesehene Gäste. Auch Heinrich von Kleist, der im Winter 1802/03 längere Zeit bei seinem Mentor Wieland zu Gast war.

Ein Raum in der kleinen Gedenkstätte des Gutshauses erinnert mit Bildern und Texten an die prominenten Besucher, ein zweites Zimmer ist mit Wohnmobiliar und Arbeitsmitteln dem Hausherrn Wieland selbst gewidmet. Sein Grabmal befindet sich draußen im Park.

Sinnbild häuslicher Schlichtheit: Teller und Besteck von Christoph Martin Wieland

Geborgen hinter einem Burggraben: Schloß Kochberg

Schloß Tiefurt

Fern der Hofetikette veranstaltete Anna Amalia zwischen 1781 und 1801 stets zur Sommerzeit ihre Tiefurter Tischrunden. In dem kleinen rustikalen Schloß, dem einstigen Gutshaus eines Kammerherrn, sind die Räume zwar klein, aber vielfältig gestaltet – im Rokoko, Klassizismus und Biedermeier. Durch Reiseansichten und Skulpturen findet vor allem die Italienliebe der Herzogin überschwenglichen Ausdruck. Der von der Ilm durchflossene Park von Tiefurt, ein Landschaftsgarten nach Wörlitzer Vorbild, war Gartensalon und Rahmen einer Freilichtbühne für Singspiele. Darum ist auch der schöne weiße, sechseckige Säulentempel der Gesangsmuse Polihymnia gewidmet.

Schloß Kochberg

Von Weimar nach Großkochberg führt der 30 Kilometer lange Goethe-Wanderweg. Kochberg, generationenlang der Landsitz der Familie von Stein, liegt verborgen hinter hohen Baumgruppen idyllisch am Dorfrand. Zum großen Teil noch original ausgestattet sind die Salons – mit Möbeln und Gemälden des 18. Jahrhunderts, darunter ein Damensekretär, der nach einem Entwurf Goethes gefertigt wurde, ein Schreibschrank, in dessen Platte der berühmte Gast das Datum seines ersten Besuchs hinterließ. Im Festsaal mit einer 250 Jahre alten Stuckdecke dominiert eine gobelinartige Wandbespannung mit allegorischen Figuren. Das kleine Liebhabertheater mit der klassizistischen Fassade draußen im Park wird zuweilen wieder bespielt.

In Goethes Gemächern: Scherenschnitte von Zeitgenossen waren in Mode

Fotos: René Menges, Raffaele Celentano, Jürgens Ost und Europa Photo

MERIAN TIP

1 SCHLOSS ETTERSBURG
10 km nördlich von Weimar
Bus 6 vom Hauptbahnhof oder Goetheplatz Richtung Ettersberg (nicht Richtung Buchenwald)
Der barocke Dreiflügelbau aus dem frühen 18. Jh. ist zur Zeit sehr verfallen. Nur die Schloßkirche (15. Jh., Altar mit Marienkrönung) ist zugänglich. Café und Restaurant im Schloßgarten

2 GUT OSSMANNSTEDT
14 km nordöstlich von Weimar
15. März - 25. Okt.
Mi - So 10 - 17 Uhr
Eintritt 2 DM
Bus 228 vom Hauptbahnhof oder vom Busbahnhof Hoffmann-von-Fallersleben-Straße in Richtung Pfiffelbach
In diesem Anwesen lebte der Dichter Christoph Martin Wieland. Kleine Gedenkstätte und schöner Rokokopark

3 SCHLOSS TIEFURT
Weimar-Tiefurt
15. März - 25. Okt. Di - So 9 - 18 Uhr, 26. Okt. - 14. März Di - So 10 - 16 Uhr
Eintritt 6 DM
Bus 3, 4 vom Goetheplatz
Die Atmosphäre der deutschen Klassik ist hier lebendig. Wunderschön der Schloßpark

4 SCHLOSS BELVEDERE
3 km südlich von Weimar
15. März - 25. Okt.
Di - So 10 - 18 Uhr
Orangerie Feb. - April Sa, So und feiertags 10 - 15 Uhr
Eintritt 5 DM, Orangerie frei
Bus 12 vom Goetheplatz Richtung Possendorf
Das barocke Lustschloß ähnelt sehr dem Wiener Belvedere. Es beherbergt u.a. ein Rokokomuseum. Berühmt sind Park und Orangerie. Café und Restaurant Schloßterrasse Belvedere

5 SCHLOSS KOCHBERG
28 km südlich von Weimar
15. März - 25. Okt. Mi - So 9 - 18 Uhr, 26. Okt. - 14. März Mi - So 10 bis 16 Uhr
Eintritt 6 DM
Bus 221 vom Hauptbahnhof oder Busbahnhof Hoffmann-von-Fallersleben-Straße bis Neckeroda, dann 4 km Goethe-Wanderweg
Repräsentiver Landsitz der Familie von Stein mit einem kleinen Liebhabertheater im Park. Über Aufführungen informiert die Stiftung Weimarer Klassik. Restaurant und Pension Schloß Kochberg in Großkochberg, Telefon (036743) 22428

6 DORNBURGER SCHLÖSSER
40 km östlich von Weimar
15. März - 25. Okt. Mo - So 9 - 18 Uhr; 26. Okt. - 14. März Mi - So 10 - 16 Uhr. Rokokoschloß im Winter je nach Witterung
Zug bis Dornberg, Umsteigen in Göschwitz, 1 km Fußweg
Die drei Schlösser liegen auf einem 90 Meter hohen Felsen oberhalb der Saale mit Blick auf den Fluß. Das südliche Schloß ist ein Renaissancebau aus der Mitte des 16. Jh., in dem Goethe zwischen 1776 und 1828 wiederholt wohnte und arbeitete. Das mittlere Gebäude ist ein Rokoko-Schlößchen aus der ersten Hälfte des 18. Jh., und das nördliche geht auf einen Bau aus dem 10. Jh. zurück. Schloßcafé

Die Schlösser lassen sich von Weimar aus auch gut mit dem Fahrrad erreichen (Deutsche Rad-Tourenkarte 23, Ostthüringen, Saaleland, Vogtland).

Dornburger Schlösser: das mittlere von dreien auf einem Felsplateau

Premiere im Provin
Gegeben wird „Die Republik“

Februar bis August 1919: Die thüringische Kleinstadt als Geburtsort der ersten freiheitlich

In Weimar fühlt man sich inkommodiert. Aus ist es im Februar 1919 mit der Geruhsamkeit in Goethes und Schillers Städtchen. Der Krieg verloren, die zum Bürgerkrieg entartete Revolution noch von niemandem gewonnen, der Großherzog gegangen worden – und nun soll das gerade eben, am 19. Januar, gewählte Parlament ausgerechnet nach Weimar übersiedeln. Oberbürgermeister Donndorf mag natürlich nicht öffentlich räsonnieren, er sendet ein „freudig bewegtes“ Huldigungstelegramm an die Reichsregierung, „die Weimars alten Ruhm durch die Einberufung der verfassunggebenden deutschen Nationalversammlung ehrt“. Andere Tagungsorte waren erwogen worden. Aber nur Weimar schien allen Ansprüchen zu genügen – mit einem modernen Theater als Ersatz für das Reichstagsgebäude und genügend Räumlichkeiten in der Stadt für die parlamentarische und ministerielle Entourage.

Daß die Nationalversammlung nicht in Berlin die erste demokratische Verfassung Deutschlands erarbeiten wollte, hatte zwei Gründe: das „Diktat des Großstadtpöbels“ zu vermeiden und die Forderung der süddeutschen Staaten nach einem Ort auf halbem Wege zu akzeptieren – als Signal für einen künftigen Föderalismus. In Weimar ließ sich zudem der humanistische Geist der Klassik beschwören (er wird dort dann auch in den folgenden Monaten in unzähligen Reden zu Tode zitiert).

Gleich nach der Entscheidung erwacht Weimar zu unbändiger Geschäftigkeit. Ein nie gesehener Autoverkehr erobert rumpelnd die Stadt. Hotels und Privatquartiere werden mit neuen oder zusätzlichen Telefonanschlüssen ausgestattet, womit mehr als 500 Arbeiter beschäftigt sind. Das Theater ist eine dröhnende Großbaustelle. Zuschauerraum und Bühne werden eilig in einen Plenarsaal umgebaut. Etliche Waggons mit Mobiliar aus dem Berliner Reichstagsgebäude kommen an, zur Freude der Abgeordneten auch die bequemen rindsledernen Klubsessel aus den Wandelhallen, die jederzeit zu einem geruhsamen Nickerchen einladen.

Bis zur letzten Minute vor der Eröffnung der Nationalversammlung wird im Theater gezimmert und gehämmert. Die Provisorien des Umbaus kaschiert ein Meer aus Maiglöckchen, Flieder, Hyazinthen, Nelken; eine generöse Spende großer deutscher „Luxusgärtnereien“. Die Blumenpracht tarnt auch zwei Maschinengewehre. Vor dem Theater marschiert von nun an täglich eine Wachkompanie des Freiwilligen Landjägerkorps auf. Reichswehrminister Gustav Noske hat rund 4000 Mann zum Schutz der Nationalversammlung nach Weimar beordert, dazu 50 Polizisten und 24 Kriminalbeamte aus Berlin. Um die Stadt und ihre Umgebung ist ein Schutzkordon gezogen. Es besteht Paß- und Meldepflicht, und zunächst wird scharf kontrolliert.

Im Sophienstift, einer höheren Mädchenschule neben dem Theater, ist die Telefon- und Nachrichtenzentrale untergebracht. Zeitweilig arbeiten dort 200 Telefonistinnen mit deutscher Kommunikations-Hightech Baujahr 1919, unter anderem an sechs Siemens-Duplex-Schnelltelegrafen. Vom Dach der Schule zum Bühnenhaus des Theaters spannt sich eine Drahtantenne, mit der eine Verbindung zur „Funkenstation“ Nauen bei Berlin hergestellt werden kann. Von dort geht früh morgens der „Parlamentszug“ nach Weimar ab, abends fährt er zurück. Eine weitere tägliche Verbindung unterhält die Deutsche Luftreederei, zweimal täglich treffen per Kurierflugzeug Post und die großen hauptstädtischen Zeitungen in Weimar ein. Den Eiligen empfiehlt die Fluggesellschaft ihren „Personenluftverkehr“ mit Zwischenlandung in Leipzig. Die Route Berlin-Weimar wird zur ersten zivilen Fluglinie Deutschlands.

Das Provinzexil der Nationalversammlung sollte eigentlich nur wenige Wochen dauern. Anfangs erwartete die kleine, 35 000 Einwohner zählende Stadt höchstens tausend Gäste. Die Weimarer Tagungen der Nationalversammlung jedoch ziehen sich mit Unterbrechungen bis in den August 1919 hin. Auch der Begleittroß des Parlaments schwillt zu beachtlichem Umfang an. Mehrere hundert Journalisten, Fotografen und Pressezeichner treffen ein, unter ihnen – von allen bestaunt – die Korrespondentin eines nordamerikanischen Blattes. Besondere Aufmerksamkeit genießen die kurbelnden „Operateure der großen Filmgesellschaften“. Zudem betreten etliche diplomatische Vertreter die Weimarer Bildfläche. Schließlich treiben sich Scharen schaulustiger Fremder herum, die es sich leisten können, das Schauspiel der Demokratie und seine Hauptdarsteller an Ort und Stelle zu betrachten. Auf der Galerie des Theaters hockt auch ein kleines Mädchen. Am Abend spielt sie mit Puppen und Teddys „Nationalversammlung“. Ilse-Sibylle Stapff ist heute die wohl letzte Weimarer Zeugin des parlamentarischen Betriebs.

Wer keines der 40 Entreebilletts zur Besuchertribüne im Theater ergattern kann, muß auf eine Begegnung mit der neuen politischen Prominenz nicht lange warten. Weimar ist klein, irgendwo läuft jeder Abgeordnete seinem Antipoden aus der letzten Debatte unweigerlich über den Weg. Dem neugewählten vorläufigen Reichspräsidenten Friedrich Ebert begegnet man beim Spaziergang mit seiner Frau im Park an der Ilm, den auch Außenminister Graf Brockdorff-Rantzau finsteren Blickes und gemessen zu durchschreiten pflegt. Kuriose Gestalten fallen auf, so zum Beispiel der Abgeordnete Eisenberger, ein Ur-Bayer, der zuweilen mit Lederhose, Troddelstrümpfen, Lodenjoppe und buschigem Gamsbart am Hut aufkreuzt und an einer langen Burschenschafterpfeife zieht.

Unter intensiver Dauerbeobachtung stehen die 36 weiblichen Abgeordneten, die ersten Frauen in einer deutschen Volksvertretung überhaupt. Die dünkelhaften Zeitungs-

heater:

rfassung. Text: Jörg Sobiella

korrespondenten stellen überrascht fest, daß die Frauen im Parlament nicht nur die Anstandsdamen der Fraktionen sind, sondern auch in der Politik etwas zu sagen haben.

Aber dank Luise Zietz pendeln sich die Vorurteile wieder ein. Die Berliner USPD-Abgeordnete mit dem ungehobelten Temperament gerät durch ihre Zwischenrufe gleich in den ersten Sitzungstagen in die Rolle der hysterischen Krawallmacherin; eine „Petroleuse" wird sie geschimpft, und die Berichterstatter zitieren hämisch Schiller: „Da werden Weiber zu Hyänen!" Sobald es heißt, die Zietz werde reden, ist der Ansturm, zumal der Weimarer Damen, auf die wenigen Besucherplätze noch mal so groß. Auch wenn Matthias Erzberger ans Rednerpult tritt und loslegt, daß die Stenografen kaum folgen können, füllen sich Abgeordnetenbänke, Presseränge und Zuschauerreihen. Als er in das Gästebuch eines Weimarer Wirtshauses den Trinkspruch schreibt: „Erst mach dein Sach, dann trink und lach", stürzt sich die reaktionäre Presse auf ihn, den Leiter der deutschen Waffenstillstandskommission und Verfechter der Annahme des Versailler Friedens, den sie mitverantwortlich dafür macht, daß Deutschland vom Dolchstoß gemeuchelt am Boden liegt. Der trinkt und lacht jetzt!

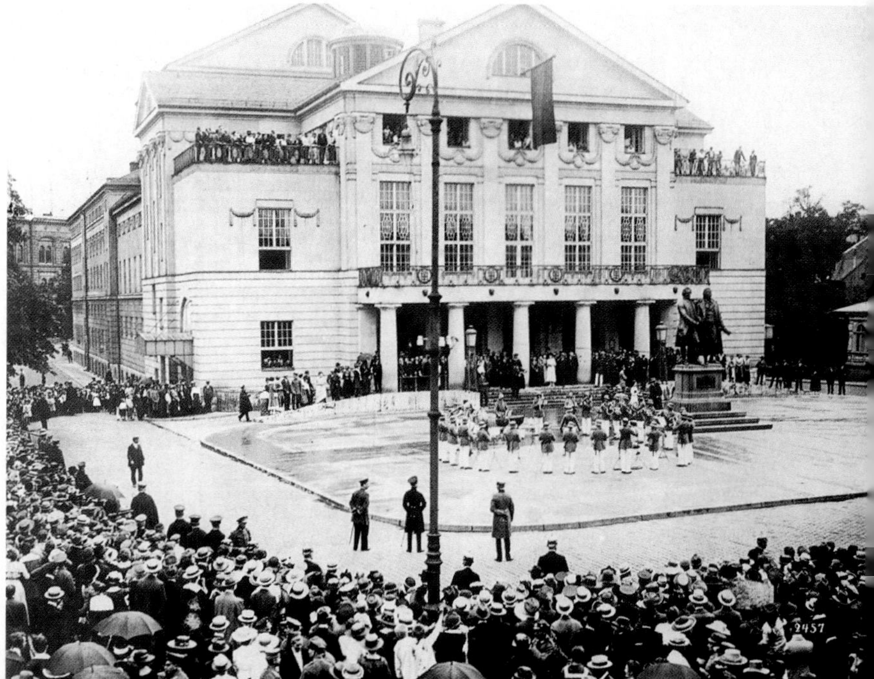

Weimar, Hauptstadt für 197 Tage: das Theater ist Parlamentsquartier (oben), das Stadtschloß (unten) Domizil des Kabinetts Scheidemann

„Unterschiedslos sind verschiedene Fraktionen im Bunde mit den Journalisten bemüht, die Weinvorräte der Stadt zu vertilgen – der Genius loci Weimars ist feucht", kommentiert die *Berliner Zeitung.* An großstädtisches Nachtleben reichen die Weimarer Geselligkeiten mit abendlichem Schwof dennoch nicht heran. Irgendwann senkt sich ländliche Stille herab. Einmal schnappt sich ein schwer angeheiterter Minister aus dem historischen Waffenarsenal des Schlosses eine Hellebarde und marschiert damit nach Mitternacht laut lallend durch den Park. Sein Echo hört man prompt bis in den Berliner Blätterwald.

Im Stadtschloß brennt bis tief in die Nacht das Licht, in Erzbergers Büro klappern die Schreibmaschinen; Graf Brockdorff-Rantzau, ein notorischer Nachtschwärmer, verliert sich bis zum Morgengrauen in Grübeleien, wie es ihm doch noch gelänge, seinem Vaterland einen ehrenvollen Frieden zu ermöglichen. Auch die Sitzungen des Kabinetts geraten häufig zur Nachtschicht.

Das Schloß ist nach dem Theater der zweite Brennpunkt des politischen Geschehens. Reichskanzlei und Berliner Ministerien haben in dem weitläufigen Gebäudegeviert ihre Dependancen eingerichtet; meist begnügen sie sich mit erstaunlich wenig Platz und Mitarbeitern. Friedrich Ebert, die Minister, auch einige Mitarbeiter wohnen hier. Nur die Wohnsuite des abgedankten Herzogs und die Dichterzimmer, die Erinnerungsreservate an Weimars „goldene Zeit", bleiben unbenutzt.

Einmal ergeht an alle Abgeordneten und Mitarbeiter eine Einladung des Reichspräsidenten zu „einer zwanglosen Zusammenkunft bei einem Glase Bier nach dem Abendessen im Schlosse zu Weimar. Es wird gebeten, Brotmarken mitzubringen." Hätte jemand die Szene abgelichtet, besäßen wir Sinnbilder für die Weimarer Republik, zum Beispiel dieses: Die regierenden Kleinbürger im Bratenrock legen beim Betreten des Weißen Saals ihre Rationierungsmarken auf die silbernen Tabletts der am Eingang postierten Bediensteten in Gala-Livree. Die Umgangsformen wahrt das Hofmarschallamt. Erst wer die Etikette bestimmt, hat auch die Macht.

Häufiger als offizielle Anlässe sind informelle Treffen. Nachmittags gegen halb drei stecken Otto Wels, Heinrich

Schulz und Hermann Müller, Männer des SPD-Parteivorstands, ihre Köpfe zusammen an einem Marmortischchen im „Café Knutsch", wie das Residenz-Café genannt wird. In einer anderen Konditorei liefern sich der unabhängige Sozialdemokrat Oskar Cohn und der Deutschnationale Fritz Warmuth beinahe täglich einen Schachwettkampf.

Friedrich Naumann, Mitbegründer der Deutschen Demokratischen Partei, unterhält einen kleinen Parlamentariersalon. Der Weimarer Weltmann Harry Graf Kessler pflegt intensive Kontakte zu Abgeordneten, und Arnolt Brecht, ein Liberaler aus der Reichskanzlei, befreundet sich mit Walter Gropius. Der ist gerade in der Stadt eingetroffen. Während die einen von den Schicksalsfragen der Politik umgetrieben werden und andere sich ums tägliche Brot und die Kohlen kümmern müssen, gründet Gropius in fast konspirativer Atmosphäre das Bauhaus.

Die Weimarer Hotels, Pensionen und Fremdenheime sind ausgebucht. Die Abgeordneten wohnen fraktionell geordnet und gemäß dem Bewußtsein der eigenen Bedeutung: die Deutschnationalen, die neuen Hüter der alten Ordnung, in den ersten Häusern Elephant und Erbprinz ; die liberale Demokratische Partei logiert im Fürstenhof (heute Russischer Hof); die Sozialdemokraten schlagen ihr Hauptquartier zunächst im Volkshaus auf, danach richten sie sich in den Probesälen des Theaters ein und verteilen sich auf Privatquartiere. Durchreisende ohne Unterkunft können auf dem Bahnhof in einem Sonderzug der Mitropa übernachten, „in dem Halbabteile tageweise für eine oder zwei Personen abgegeben werden".

Das städtische Wohnungsamt hat die Weimarer um Anzeige von leerstehenden Zimmern gebeten. Da es mit zusätzlichen Kohlekarten und der Aussicht lockt, die verlöteten Gasbadeöfen wieder nutzen zu können, werden die Beamten mit Beherbergungsofferten überrannt – und es wird gewaltig abgezockt. Zwischen 200 und 250 Mark pro Monat sind keine Seltenheit für eine Unterkunft, die andernorts höchstens 30 Mark kostet. Ist der Zimmerherr „ein Roter" und hat er bei einer Pensionärswitwe der feineren Gesellschaft Logis genommen, ziehen Bekannte und Nachbarn aus solchem Untermietverhältnis ergiebigen Stoff zum Tratsch. Es bleibt ein Verstoß gegen den guten Geschmack, einen Sozi zum Kostgänger zu haben – und sei er selbst ein Staatssekretär .

Obwohl Weimar besser versorgt ist als andere Städte, bleibt die Ernährungslage prekär. Klagen werden laut über Hamsterkäufe der Abgeordneten und Regierungsbeamten. Zum Wochenende sieht man sie prallgefüllte Koffer zum Bahnhof bugsieren. Was die enthalten, kann sich der vigilante Weimarer Bürger schon denken: gewiß keine Akten.

Die Nationalversammlung – ein glänzendes Geschäft für die Gastwirte und Kneipiers, für Bauern am Markttag, für Kolonialwaren- und Andenkenhändler, aber auch für den Kulturbetrieb. „Lieder- und Arienabend von Elisabeth Imme. Die noch unvergessene Koloratursängerin vom hiesigen ehemaligen Hoftheater..." Die zwei Weimarer Lichtspielhäuser übertreffen einander in jenen Monaten mit der Vorführung neuester kinematographischer Erzeugnisse.

Und es gibt Vorträge über Vorträge, Feiern und Gedenkveranstaltungen: Bismarcks Geburtstag, die Wahlen zum Landtag in Sachsen-Weimar-Eisenach, den 1. Mai als soeben eingeführten Feiertag, den Siegestag von Sedan 1870. Gustav Stresemann spricht vor dem Frauenbund der Deutschen Kolonialgesellschaft „über den Raub unserer Kolonien". Pfarrer Traub, „der auch in Weimar bekannte Vorkämpfer des nationalen Gedankens", fragt: „Was sind wir der deutschen Jugend schuldig?".

DIE ERSTEN MONATE DER REPUBLIK IN WEIMAR

9. November 1918 *Kaiser Wilhelm II. dankt ab. Philipp Scheidemann und Karl Liebknecht rufen (unabhängig voneinander) die Republik aus*

19. Januar *Die Deutschen wählen dieNationalversammlung. Sitzverteilung: SPD 37,9%; Zentrum 19,7%; Demokraten 18,5%; Deutschnationale 10,3%; USPD 7,6%; Volkspartei 4,4%*

4. Februar *Der Zentralrat der Deutschen Republik übergibt die Regierungsbefugnis an die Nationalversammlung*

6. Februar *Die Nationalversammlung mit 423 Abgeordneten tritt in Weimar zusammen*

11. Februar *Friedrich Ebert wird zum Reichspräsidenten gewählt*

13. Februar *Ebert ernennt ein Koalitionskabinett (Sozialdemokraten, Zentrumspartei, Demokratische Partei) unter Reichsministerpräsident Scheidemann*

21. März *Der Verfassungsausschuß nimmt seine Arbeit auf*

23. März *Das Sozialisierungsgesetz von Wirtschaftsminister Rudolf Wissel wird beschlossen. Es sieht, als Kompromiß zwischen sozialistischer Verstaatlichung und freiem Markt, die Möglichkeit von „gemeinwirtschaftlicher Organisation" von Wirtschaftszweigen vor. Angewandt wird es u.a. in der Kohlewirtschaft*

7. Mai *in Versailles erhält Außenminister Graf Brockdorff-Rantzau von den Alliierten die Bedingungen für einen Friedensvertrag; u.a. muß das Deutsche Reich seine Schuld am Ausbruch des Ersten Weltkrieges anerkennen*

12. Mai *Regierungschef Scheidemann spricht vor der Nationalversammlung über die Friedensbedingungen. Er bezeichnet sie als unannehmbar*

16. Juni *Die Alliierten fordern die deutsche Regierung ultimativ auf, den Friedensvertrag innerhalb einer Woche anzunehmen*

19. Juni *Reichswehrminister Noske berät mit Truppenführern, ob das Deutsche Reich alliierten Angriffen standhalten könnte. Alle Militärexperten der Reichswehr verneinen*

20. Juni *Scheidemann tritt zurück, weil er den Friedensvertrag nicht unterzeichnen will. Sein Nachfolger wird Gustav Bauer.*

23. Juni *Die Nationalversammlung stimmt dem Versailler Vertrag zu (Unterzeichnung am 28. Juni, Ratifizierung am 9. Juli)*

31. Juli *Die Nationalversammlung nimmt die Verfassung mit 262 zu 75 Stimmen an*

11. August *Ebert unterzeichnet die erste demokratische Verfassung Deutschlands. Sie tritt am 14. August in Kraft*

30. September *Die Nationalversammlung zieht vom Weimarer Nationaltheater in den Berliner Reichstag um*

Die öffentliche Ordnung ist, abgesehen von kleineren Demonstrationen, monatelang nicht gefährdet. Doch draußen im Reich, jenseits der militärischen Abriegelung, in Berlin, im München der Räterepublik, in Braunschweig und Bremen, im Ruhrgebiet und im mitteldeutschen Industrierevier wütet roter und weißer Terror, lähmen Generalstreiks das Leben.

Weimar wird dadurch wiederholt von der Außenwelt abgeschnitten. Züge fallen aus, irgendwo sind wieder einmal Gleise aufgerissen und Bahnhöfe besetzt, die Berliner Zeitungen kommen nicht an, weil die Druckereien stillstehen. Stattdessen gibt es Gerüchte: Arbeiterrevolten in Gotha! Die Tschechen überschreiten die deutsche Grenze! Ausrufung einer Nordwestdeutschen Republik in Braunschweig! Frankreichs Premier Clemenceau, der „Tiger", letzten Drahtnachrichten zufolge gestorben! Wochen später diktiert er den besiegten Deutschen die Friedensbedingungen.

Ilse-Sibylle Stapff heute. 1919 war sie auf der Galerie des Theaters die jüngste Zuhörerin einer Parlamentsdebatte. Mit ihren Teddys spielte sie die Szenen nach

Der Frieden ist für die Deutschen ein Schock. In Weimar durchleben Nationalversammlung und Regierung Tage und Nächte unruhiger Entschlußlosigkeit. Das erste von vielen kurzlebigen Kabinetten mit dem sozialdemokratischen Reichsministerpräsidenten Philipp Scheidemann an der Spitze tritt zurück. Im Schloß wird pausenlos konferiert, eine Ministerriege und eine Mehrheit müssen her, die die Unterschrift in Versailles billigen. Wird es zu Massendemonstrationen kommen? Wie wird die Reichswehr reagieren? Oder sollte man den erwürgenden Frieden der Sieger gar rundheraus ablehnen? Was dann? Besetzung des Reiches durch französische Truppen? Ein Flächenbrand spartakistischer Aufstände?

Plötzlich fühlen sich Parlament und Regierung auch im ruhigen Weimar nicht mehr sicher. War der Ausbruch von 58 Militärgefangenen, die das Schloß zu stürmen versuchten, wirklich ein Zufall? Wenige Tage nach der Schießerei vor dem Regierungssitz am 22. Juni erklärt der neue Ministerpäsident Bauer die Bereitschaft zur Unterzeichnung des Friedensvertrages. Wieder sieht man in den Weimarer Straßen aufgebrachte Soldaten und Offziere, diesmal sind es die Schutztruppen der Nationalversammlung selber. Kavalleristen sprengen mit wüsten Drohungen gegen Erzberger in den Schloßhof. Schließlich sieht sich Reichpräsident Ebert genötigt, ein paar Kompanien im Schloß antreten zu lassen, an die er väterlich patriotische Phrasen zur Satisfaktion der gekränkten deutschen Soldatenehre richtet.

Ludwig Turek, der es später als Arbeiterschriftsteller zu einiger Bekanntheit brachte, hat zehn Jahre nach seinem Dienst als Freiwilliger in den Reihen der Landjäger mit dem Stolz des umstürzlerischen Bekenners verraten, daß das Schicksal der Nationalversamlung und das Leben vieler ihrer Abgeordneten schon vor den dramatischen Junitagen in Weimar für einen kurzen Moment der terroristischen Willkür eines Dutzends Spartakuskämpfer ausgeliefert war. Mit verborgenen Handgranaten saßen Turek und Genossen im dritten Rang des Theaters, hoch über den Abgeordneten, und beinahe (!) hätte er die Granaten ins Plenum geschleudert. Doch das verabredete Zeichen zum Massaker blieb aus. Die verhinderten Attentäter trollten sich.

Erinnert wird nur, was geschrieben steht. Lange nachdem das Parlament zurückgekehrt ist ins weltstädtische Berlin der zwanziger Jahre, beginnen sich einige der Akteure zu erinnern. Und seltsam: ob sie von rechts, links oder aus der politischen Mitte zurückblicken, sie schauen alle durch die gleichen Tüllgardinen der Verklärung auf Weimar – unbehelligt von der aus den Fugen geratenen Welt. Und blind für die unheilvolle Symbolik einer scheinbar beiläufigen Nachfolge: Dort, wo sich die Republik Verfassung und Fasson gegeben hat, im Weimarer Deutschen Nationaltheater, halten Hitler und seine nationalsozialistischen Kumpane schon 1926 ihren ersten offiziellen Parteitag ab.

Jörg Sobiella, *Jahrgang 1954, ist Hörfunkredakteur bei* MDR Kultur des Mitteldeutschen Rundfunks *in Weimar.*

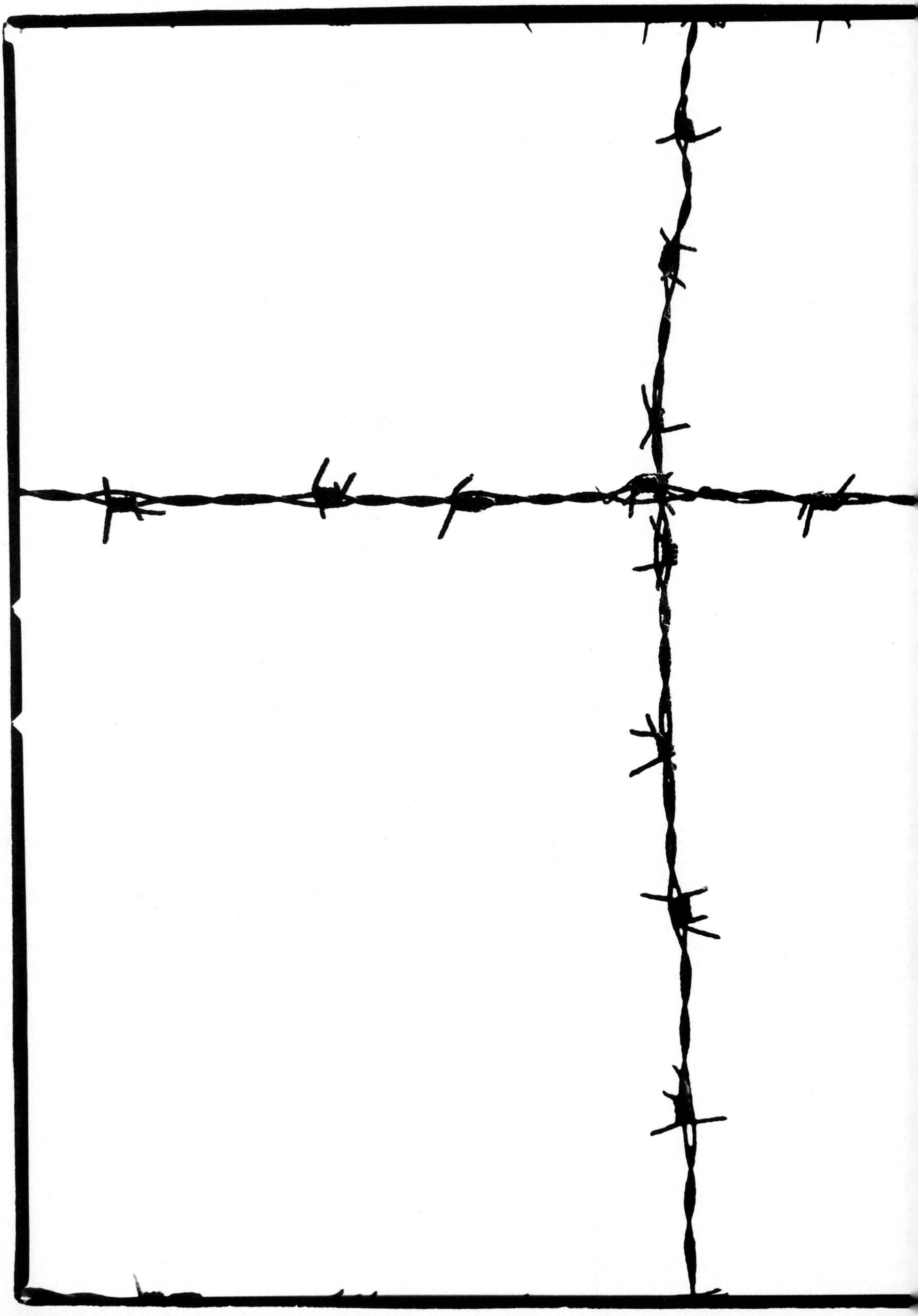

Mit dem Gedenken an das KZ Buchenwald gingen Ost und West unterschiedlich um. Dort die Instrumentalisierung zur Selbstrepräsentation, hier Schweigen oder gar Verleugnung. Volkhard Knigge, Chef der Gedenkstätte, spricht in einem MERIAN-Interview über die Aufgabe Buchenwalds heute; drei MERIAN-Fotografen haben spontan auf den Ort reagiert

Buchenwald

Die amerikanische Fotografin Tina Hager: „Ich kam nach Buchenwald, um diesem Platz meine Achtung zu erweisen. Ich setzte mich nieder auf dieses riesige Massengrab und schaute hinunter auf die Stadt Weimar. Es ist kaum zu fassen, was Geschichte innerhalb nur weniger Jahre anrichten konnte."

Der Fotograf Wulf Brackrock: „Vor etwa vierzig Jahren war ich zum ersten Mal in Buchenwald, als Gymnasiast auf Klassenreise. Ein ehemaliger Häftling begleitete uns durchs Lager – ein Opfer, das überlebt hatte. Jetzt führte mich der junge Franzose Benoit Cazenave. Er gehört zur Enkel-Generation der Täter und Opfer. Das hat mich gerührt. Ich weiß damit, daß diese Erinnerungsstätte lebendig bleibt.“

Buchenwald

Benoit Cazenave (28) ist Aktivist im Europäischen Freiwilligendienst. 18 Monate lang wird er Gruppen durch das Lager führen

Die Lagerbaracken gibt es nicht mehr. Nur Steinblöcke dienen der Orientierung, wie das Leben im Terror organisiert war. Die Figurengruppe von Fritz Cremer am Mahnmal (rechte Seite) erinnert an die Opfer: 266 000 Gefangene, 56 000 Tote

Buchenwald

Der Fotograf Wilfried Bauer: „Wenn ich durch die idyllische Stadt der Klassik, das Ideal des humanistischen Deutschland gehe, kann ich nicht vergessen, daß von hier das Bauhaus vertrieben und daß danach, 1937, Buchenwald gebaut wurde. Ich mußte diese andere Seite von Weimar auch fotografieren."

Buchenwald

Auf dem Gelände des Konzentrationslagers richtete die DDR 1958 die Nationale Mahn- und Gedenkstätte Buchenwald ein. Die heutige Anlage gehört zu einer von der Bundesregierung und dem Land Thüringen getragenen Stiftung. Der Historiker Dr. Volkhard Knigge, Jahrgang 1954, ist Stiftungsdirektor

Volkhard Knigge: „Buchenwald ist nicht abgeschlossen. Es dient als Musterfall für das radikal Böse"

MERIAN: Herr Dr. Knigge, wer saß vor 1945 hier auf Ihrem Stuhl?

Knigge: Sicher ein SS-Offizier. Dies war ein Stabsgebäude der SS-Totenkopfverbände, 500 Meter vom Lager.

Sie sind 1994 als „Krisenmanager" nach Buchenwald gekommen. Was war das für eine Krise?

In der Bundesrepublik gab es bis zur Vereinigung nur relativ kleine Gedenkstätten. Die westdeutsche Gedenkkultur war nicht darauf vorbereitet, mit so großen Einrichtungen der Erinnerung wie den Nationalen Mahn- und Gedenkstätten der DDR umzugehen.

Es kam zum Streit zwischen Ost und West?

Ja. Von der DDR-Nostalgie her gab es Bestrebungen, wenigstens das Nationaldenkmal zu verteidigen, wenn der Staat schon untergegangen war, vom Westen kamen die Kalten Krieger: Wenn der DDR-Staat schon weg ist, sei auch das Nationaldenkmal zu schleifen. Das war ein Rücksturz in die fünfziger Jahre, forciert durch die Tatsache, daß nach der Geschichte des KZ jetzt auch die kaum bekannte Geschichte des sowjetischen Speziallagers zu erforschen war. So kam es zum Schlagabtausch zwischen Auschwitzleugnern und Rechten jenseits des westdeutschen Parteienspektrums auf der einen Seite und der DDR-Nostalgie von ostdeutschen Gedenkstättenbesuchern und ehemaligen kommunistischen Häftlingen, die zur DDR-Prominenz gehört hatten, auf der anderen.

Was waren die Vorwürfe West?

Hier entstünde ein Freilichtmuseum der DDR.

Und Ost?

Wir würden den Antifaschismus zerschreddern und mit dem Museum des Speziallagers eine *anti*-antifaschistische Gedenkstätte errichten. Aber die Erinnerung an den Nationalsozialismus ist kein Privileg der DDR, sie gehört keiner politischen Partei und keiner Häftlingsgruppe. Es ist nicht Aufgabe der Historiker, Denkmalschutz zu betreiben, sondern das Geschichtsbild durch Forschung zu weiten und Buchenwald der Politik zu entwinden.

Woraus bestand der kommunistische Mythos von Buchenwald?

Die DDR hat unterschieden zwischen Opfern und aktiven Kämpfern, den systemloyalen kommunistischen Häftlingen. Diese antifaschistische Gruppe von Buchenwald, etwa 1000 von 50 000 Häftlingen, steht im Zentrum der DDR-Erinnerung. Begründung: die KPD habe den frühzeitigsten Widerstand gegen den Hitlerfaschismus geleistet und ihn in Buchenwald fortgesetzt, weil er sich nicht brechen lasse.

Warum waren der DDR unbeugsame Helden so wichtig?

Ulbricht und Adenauer hatten in den Nachkriegsjahren ein gemeinsames Problem: Wie baut man ein neues Deutschland, wenn man das Volk nicht auswechseln kann, das mit dieser Diktatur eng verwoben war? Die Ulbrichtsche Lösung präsentiert die DDR als den gegen Hitler kämpfenden Teil des deutschen Volkes. Ihre Gründungsväter sind die antifaschistischen Widerstandskämpfer, besonders die in Buchenwald. Das war die eine Form der Vergangenheitsbewältigung, die westdeutsche Variante hieß verleugnen und verschweigen.

Saßen mehr Schuldige oder mehr Unschuldige im russischen Speziallager?

Gestorben ist hier Weimars NS-Bürgermeister Koch, der Juden ohne Befehl zwangsgettoisieren ließ, auch der KZ-Arzt Dr. Wischer, der die „Euthanasie"-Programme für das KZ Dachau mitorganisiert hat. Aber es gibt auch die individuelle Unschuld einer Achtzehnjährigen, die Lebensmittel in eine NS-Zeitschrift eingewickelt hatte und dann wegen Nazi-Propaganda für fünf Jahre nach Buchenwald verschleppt wurde. Strafrechtliche oder individuelle Schuld oder Unschuld läßt sich in den wenigsten Einzelfällen konkret fassen. Aber die Mehrheit der Häftlinge im Speziallager waren Funktionsträger der NSDAP oder ihrer Organisationen.

Mein Vater hat Ende 1945 einen Nazi angezeigt, der im Speziallager umkam. Wer ist Täter, wer Opfer?

Das sind die Fragen, die man sich von warmen Stuben aus gut stellen kann. Unterscheidet man zwischen Opfern erster und zweiter Klasse oder sagt man, im Tod sind alle gleich? Wer der Meinung ist, alle Opfer seien gleich, denen muß man sagen, Gedenkstätten sind auch Bildungseinrichtungen, und hier zählt auch das Leben vor dem Tod. Andererseits kann man nicht behaupten, wer Anhänger der NSDAP war, dem könne gar kein Unrecht geschehen – der Umgang des NKWD mit diesen Menschen widerspricht es allen Vorstellungen von Rechtsnormen.

Führt eine direkte Linie von der Weimarer Klassik zum Konzentrationslager Buchenwald, vom Gral des Humanismus und Idealismus über den Patriotismus hin zu Pathos, Größenwahn und Sehnsucht nach dem neuen Nationalhelden, Endstation Massenmord?

Ende des vorigen Jahrhunderts wurde die Klassik zunehmend von völkischer Seite besetzt, die Moderne hatte es immer schwerer. Das verfestigte sich, obwohl bürgerliche Werte immer wieder versuchten, in Weimar Fuß zu fassen und dann ausgespien wurden. Weimar war das Kampffeld zwischen diesen Polen, bis das Völkisch-Nationalistisch-Antisemitische immer mehr Zustimmung bekam. Aus der Weimarer Klassik haben die Deutschnationalen und Hitler ihr Süppchen gekocht.

Warum hat der Ort der Humanität so reibungslos als Bühne nationalsozialistischer Politik funktioniert?

Weimar steht stellvertretend für Deutschland. Diese Reibungslosigkeit hatten wir überall. Die Aussonderung von Menschen braucht immer die Zustimmung anderer, und das Dritte Reich war eine Zustimmungsdiktatur. Mit dem, was passiert ist, waren viele zufrieden. Man teilte sich dieselben Vorurteile: Antisemitismus. Zigeuner sind asozial. Gewohnheitsverbrecher sollen nie wieder aus dem Gefängnis kommen. Homosexuelle haben eine schiefe Sexualität. Das alles war weitverbreitet. Und viele sind dann in die zweite oder dritte Reihe des Verbrechens eingetreten.

Und nach dem Krieg glimpflich davongekommen.

Die Bundesrepublik ist geprägt von der Integration dieser Leute. Aber was will man machen? Wenn ein Volk in dieser Größenordnung involviert ist, kann man nicht alle erschießen oder vor Gericht stellen. Es ist die bittere Erfahrung der Überlebenden, daß man den Elitentausch nicht durchführen konnte, auch wenn man es gewollt hätte.

Nach 1945 hieß es: Von den Greueln in den Lagern haben wir nichts gewußt.

Man wollte gar nichts wissen, und deshalb hat man nicht nachgefragt. Nachdem die US-Armee Weimarer Bürger im April 1945 gezwungen hatte, sich das Lager und die Toten anzusehen, war die erste Reaktion: Wie konnte man uns diese Zwangsvorführung antun, wir hatten doch nichts damit zu tun. Kränkt uns nicht, beschämt uns nicht, verwechselt das heilige Weimar nicht mit dem KZ Buchenwald. Das war die Lebenslüge von vornherein.

Lebenslüge warum?

Buchenwald ist eine Nobilitierung für Weimar gewesen. Es war eine Auszeichnung, so viel SS am Ort zu haben. Es gehörte zum Konzept, daß Lager und Stadt ineinander übergehen. Das Lager war von Anfang an sichtbar, es sollte nicht versteckt werden. Die Weimarer sind heute froh, daß es nicht „KZ Weimar" hieß, wie es eigentlich hätte heißen müssen.

Wie gehen denn die Jugendlichen, die heute kommen, mit den vielen politischen Auslegungen von Buchenwald um?

Sie sind verunsichert und fragen, wen man denn nun überhaupt ernst nehmen könne. Die Antwort heißt: Ausbreitung des historischen Materials, damit man selbst nachforschen kann und nicht nur uns glauben muß. Alle Fragen stellen und alle Zweifel äußern zu dürfen. Vieles hängt daran, wie ernst wir selber in Auftreten und in der Ausstrahlung genommen werden.

Hat es in Buchenwald neonazistische Zwischenfälle gegeben?

Ja, wahrscheinlich schon zu DDR-Zeiten, und es gibt sie noch. Nach der Wende gab es Schändungen wie das Bespucken von Gedenksteinen, es wurde eine Scheibe im Krematorium eingeworfen und eine Mitarbeiterin mit Worten wie „Dich zünden wir an" bedroht. 1995, als wir das mal aufgelistet haben, waren es sechs, sieben gravierende Vorfälle. Entsprechende Eintragungen in die Besucherbücher kommen aber immer noch vor. Inzwischen gibt es auch Bekennerbesucher anstelle der Leugner, die noch gesagt hatten, das hier sei alles nicht echt und von den Amerikanern oder Russen aufgebaut. Der Bekenner sagt, Auschwitz und Buchenwald haben stattgefunden, und das war auch richtig so. Wäre das Projekt, Deutschland ausländer- und judenfrei zu machen, zuende geführt worden, dann hätten wir heute keine Ausländerprobleme.

Sie sind seit seit fast fünf Jahren hier. Wie hält man das aus?

Das frage ich mich manchmal auch. Professionalisieren schützt nicht immer. Es kommt immer wieder vor, wo es einen anspringt, was auf diesen Stück Erde geschehen ist. Man schützt sich wie alle Historiker durch Denken, indem man sich damit beschäftigt, forschen und verstehen zu wollen.

Das schützt wirklich?

Für den Moment, ja. Aber dann spürt man doch wieder, daß hier ein großer Friedhof ist, und zwar kein gewöhnlicher, sondern ein Tatort.

Gibt es auch Zuspruch?

Was das Herz trägt, sind die Überlebenden. Es ist für mich nach wie vor ein großes Geheimnis, warum gerade unter den ehemaligen Häftlingen Gedanken wie Rache kaum eine Rolle gespielt haben und spielen, warum die wenigsten misanthropische Zyniker geworden sind, warum so viel Menschenliebe da ist und Dankbarkeit für das, was wir hier tun. Das ist ein innerer Reichtum, da kann man viel lernen. Und der Spießbürger hat sich daran gewöhnt, mit dem KZ zu leben und ist froh, daß eine Institution das Böse verwaltet und man sich selbst nicht damit beschäftigen muß.

Buchenwald heute, ist es ein abgeschlossener Fall?

Buchenwald ist nicht abgeschlossen. Es dient als Musterfall für das radikal Böse, das man gut mit der Gegenwart vergleichen kann. Wenn sich jemand anhand des Lagers klar macht, was es bedeutet, einen demokratischen Verfassungsstaat und die menschlichen Grundwerte aufzugeben, dann reicht das. Wir wollen den Leuten nicht das Leben versauern und Dauerdepressive oder Dauerbüßer erziehen. Man sollte heute nicht mehr von Schuld sprechen, sondern von Verantwortung.

Und Weimar?

Ich bin froh um die Existenz von Weimar. Es wäre ja fürchterlich, wenn es gar keine Gegenwelt zu Buchenwald gäbe, und es ist schön zu hören, daß sich Kafka zum erstenmal in Weimar verliebt hat, daß Gropius hier war, daß es Zivilcourage und Bürgermut gab. Das hat nicht vor 1933 geschützt, und die Demokraten waren am Ende die Schwächeren, aber sie waren da. Auf Goethe ist eben Hitler gefolgt, umgekehrt wär's schöner.

Wolf Thieme, *Jahrgang 1937, freier Autor in Berlin, führte das Interview.*

Charme des Südens: In der Casa delle Rose am Hang des Parks an der Ilm wohnen heute Stipendiaten der Stiftung Weimarer Klassik

Wunsch-Villen

Mit dem Bau Hunderter von Villen prägten Künstler, Gelehrte, Literaten, Musiker, Fabrikanten das Gesicht Weimars. Die Trutzburgen des Klassizismus und der Gründerzeit genauso wie die mit freierer Sicht gestalteten Domizile eines bürgerlichen Künstlertums – sie alle sind Realität gewordene Träume und Ideen. Viele sind heute gezeichnet vom morbiden Charme des Verfalls, andere stilvoll wiedererweckt, manche nach allzu tiefem Griff in die Farbtöpfe zu Tode saniert. Ein Blick auf die meist schlichten Bauten, auf ihre Bewohner und deren bewegte Geschichte

Text: Christiane Weber, Fotos: Wilfried Bauer

HAUS POGWISCH

In ein zartes Rot getaucht, ruht die Casa delle Rose am Rande des Ilmparks in der Abendsonne. Glanz und Verfall zeigen sich an dem würfelförmigen einstöckigen Gebäude mit seinem flachen schiefergedeckten Zeltdach. Alles wirkt leicht und luftig und ist doch erdenschwer, wie die Bauschäden an dem mehr als 250 Jahre alten Mauerwerk offenbaren.

Die Stipendiaten der Weimarer Klassik, die das italienisch anmutende Gebäude heute beleben, wissen nicht, wie klassisch sie wirklich wohnen.

1806 hatte Gräfin Louisa Eleonore von Henckel-Donnersmarck das Haus für ein „Lumpengeld von 2250 Talern“ gekauft. Die prominenteren Besitzer aber waren Louisas Enkelin Ottilie von Pogwisch und Goethes Sohn August. Drei Kinder wurden geboren. Es war Walther (1818-1885), der später großen Gefallen an der Casa fand, die er liebevoll „Villeta“ nannte. Er, dessen Kräfte der Last des Lebens nicht gewachsen waren, hoffte in der Einsamkeit Ruhe zu finden. Einer der wenigen Besucher seiner Einsiedelei war Großherzog Carl Alexander.

Noch heute ist das Haus am Horn 4a eine beschauliche Oase. Kaum jemand weiß, daß die Villeta mit dem Namen Goethe verbunden ist, denn die Aufmerksamkeit des Publikums gilt einer Devotionalie, die ganz in der Nähe liegt: Goethes Gartenhaus. **H 6**

Unregelmäßig und eigenwillig: das mächtige Mansarddach zog Bauherr van de Velde fast über das ganze Obergeschoß

HOHE PAPPELN

Henry van de Velde (1863-1957) wurde 1902 als künstlerischer Berater für Industrie und Handwerk ins Großherzogtum Sachsen-Weimar berufen. Nur wenige Beispiele seiner Architektur finden sich in Weimar: die zwei Gebäude der 1907 gegründeten Kunstgewerbeschule und der Kunstschule (heute Bauhaus Universität Weimar), das Nietzsche-Archiv, die Villa Henneberg, das Dürckheimsche Palais und sein eigenes Wohnhaus.

Diese Villa an der Belvederer Allee spottet allen Regeln des Jugendstils. Van de Velde setzte damit 1908 neue Maßstäbe für Innen- und Außenarchitektur. Ein weit über das ausgebaute obere Stockwerk herabgezogenes Dach. Starre geometrische Formen wurden vermieden. Zahlreiche Brechungen beherrschen die Hausform, die dadurch vielgestaltiger wirkt, als es das eigentliche Volumen erahnen läßt. Als Grundriß eine Schiffsform, deren Eindeutigkeit jedoch durch Asymmetrie aufgehoben wird. Sogar der kleine Vorraum unmittelbar hinter dem Hauseingang ist überraschend reich gegliedert. Van de Veldes Sohn Thyl gab dem Haus seinen Namen: Hohe Pappeln. „Ich habe den Namen oft aus dem Mund erstaunter und auch schockierter Spaziergänger gehört, die sich über seine ungewohnte architektonische Form aufregten“, schrieb Henry van de Velde. Er gewöhnte sich daran, daß sein Haus unter die Kuriositäten Weimars eingereiht wurde, daß die Kutscher vor seinem Haus hielten „und in lakonischen und stereotypen Sätzen einiges über mein Leben und meine Rolle in Weimar erzählten.“

1917 verließ Henry van de Velde mit seiner Familie Weimar. Vertrieben von Fremdenhaß und Intrigen. Einer von vielen, die im Vertrauen auf die Aufgeschlossenheit und den Kunstsinn der Weimarer gekommen waren und enttäuscht ihren Hut nahmen. Gropius führte seine neuen unakademischen Lehransätze im Bauhaus fort. Van de Veldes Bau an der Belvederer Allee 58 ist heute nicht Museum, sondern Wohnhaus. Doch jeder Interessierte ist willkommen. L 6

Jugendstil ohne Dekorationssucht: das lichte Treppenhaus der funktional geschnittenen Villa

Elegant: der Salon für größere Gesellschaften, nun wieder im ursprünglichen Zustand. Originalstücke gibt es in diesem großen Haus aber nicht mehr

Ornamentales Dekor: das Treppenhaus als „öffentlicher Raum“ des 1866 fertiggestellten Stegmannschen Hauses

Bildergeschichten in Terrakotta: der von Hermann Wislicenus gestaltete Fries. Die Front des Hauses mit den markanten Fensterrahmungen trägt die Elemente italienischer Renaissance

HAUS STEGMANN

Vor der 1865 erbauten Villa des Architekten Carl Stegmann (1832-1895) in der Carl-August-Allee 9 hält wohl jeder Fremde kurz inne und betrachtet die Fassade. Ein Terrakottafries zieht sich von der Ost- zur Nordseite des Gebäudes. Erzählt in putzigen Reliefs aus Ton die Geschichte von der Errichtung des nahen Landesmuseums (heute Neues Museum Weimar) und damit auch Episoden aus Stegmanns Biographie: Maurer setzen Stein auf Stein; Baumeister Zitek, an seiner kecken Tschechenmütze, und Bauleiter Carl Stegmann, an den Gamaschen zu erkennen, beraten auf der Museumsbaustelle. Eine Prüfungskommission steckt wegen der galoppierenden Kosten sorgenvoll die Köpfe zusammen, und am Tischende wird den Bauleuten der Lohn ausgezahlt. Putten deuten an, was anno 1864-69 die Weimarer bewegte. In liebevollem Übermut sind die Bauarbeiten künstlerisch dokumentiert. Geschichtsstudium der amüsanten Art. D 4

CRANACHSTR. 12

Die Cranachstraße liegt im Zentrum des gutbürgerlich geprägten Weimarer Südwestens mit Bauzeugnissen des Klassizismus, Historismus und vor allem des Jugendstils. Den Giebel der Villa Cranachstraße 12 beherrscht ein schneeweiß getünchter Uhu auf rot und braun verziertem Grund. Mit dem Nachtvogel setzte Architekt Rudolf Zapfe (1860-1934) sich selbst und seiner „Schlaraffia" – einem Männerbund zur Pflege von Kunst, Humor und Freundschaft – ein Denkmal.

Zapfe war zu seiner Zeit einer der meistbeschäftigten Jugendstilbaumeister Weimars, von Branchenkollegen wie Bürgern anerkennend „Fassaderich" genannt. Ein Blick auf die Frontseite des Hauses Nummer 12 erklärt, warum: Besonders an dieser Villa zeigt sich Zapfes Vorliebe für das Organisch-Geschwungene bis ins Detail, die den Weimarer Jugendstil kennzeichnet. Fenster mit stark kurvierten Umrissen, Bleiverglasungen, vegetabile Putzdekorationen an Erkern und Giebeln.

Bereits kurz nach der Fertigstellung im Jahre 1903 zog der erste Mieter in die zweieinhalbgeschossige Stadtvilla mit der auffallenden floralen Jugendstilornamentik: Joseph Bornmüller (1862-1948), Naturwissenschaftler, Orientbotaniker, der namhafteste bis heute. Niemand kann die Flora des Nahen und Mittleren Ostens studieren, ohne die Sammlungen Bornmüllers zu sehen. **H 3**

Verspielt: Detail und Ansicht des Hauses Cranachstraße 12. Der Bonus der Klassikerstadt hat diese Villa wie viele andere die DDR-Zeit überleben lassen. Als es wieder Material gab,wurde es Anfang der Neunziger restauriert

Radikale Schlichtheit: die Ortlepp-Villa war 1927 eine Provokation. 1995 wurde das Haus renoviert. Es steht unter Denkmalschutz

VILLA ORTLEPP

Ratstannenweg 21. Ein dreigeschossiger, verputzter Massivbau mit weit auskragendem, ziegelgedeckten Walmdach. Als hier 1930 Lucy Ortlepp (1883-1943), eine Malerin, die bei Lovis Corinth studiert hatte, und ihr Ehemann, der Bibliotheksrat Dr. Paul Ortlepp (1878-1945) einzogen, sah das Haus anders aus.

Von der zeitgenössischen Moderne beeinflußt, präsentierte sich die Villa als kubisch streng geschlossener Block mit turmartig erhöhtem Risalit an der Ostseite. Das Flachdach wurde als Sonnendeck genutzt. Eines der wenigen modernen Wohnhäuser in Weimar vor 1930, das sichtbar mit dem Bauhaus verwandt war. Mit diesem Entwurf war Architekt Joh. Otto Berger 1927 zunächst auf zähen Widerstand gestoßen. „Es werden allgemein derartige Auswüchse im Hausbau verurteilt", rügte das Bauamt jener Stadt, die zwei Jahre zuvor das Bauhaus vergrault hatte. Verwehrt werden konnte die Baugenehmigung indessen nicht, weil ohne öffentliche Mittel gebaut wurde. In seiner radikalen Schlichtheit geriet das Haus zur Provokation.

Als Paul Ortlepp das Haus 1930 erwarb und um ein drittes Stockwerk samt Satteldach aufstocken ließ, war man im Bauamt erleichtert. Noch heute ist die Schnittlinie zwischen beiden Bauphasen durch ein Gesims markiert. Daß Ortlepp über dem Eingangsportal ein auffallendes Hochrelief aus rotem Porphyr von Bildhauer Josef Heise anbringen ließ, konvenierte schon weniger. Auch die Eigentümer paßten nicht in die Zeit – Lucy Ortlepp war Jüdin. Ihr Mann verlor seine Anstellung in der Großherzoglichen Bibliothek. Nachbarn beobachteten und rapportierten. Juden gingen dort ein und aus. Frau Ortlepp habe jungen Leuten Mal- und Bildhauerunterricht erteilt. Sie hätten sich auf dem völlig einsehbaren Grundstück in einer den Anstand verletzenden leichten Bekleidung gezeigt. 1943 wurde Lucy Ortlepp deportiert und in Auschwitz ermordet. J4

Selbstbewußt: Neuferts Gebäudewürfel im unaufgeregten und dennoch pfiffigen Stil setzt Zeichen am Rande der Gelmerodaer Wiesenlandschaft

VILLA NEUFERT

Gleich doppelt bringt Weimars Ortsteil Gelmeroda das Bauhaus in Erinnerung: mit der schlichten Kirche, die der Maler Lyonel Feininger zu seinem Lieblingsmotiv erkor (siehe auch S. 0), und mit dem Holzhaus an der Berkaer Straße 55. Für thüringische Ortschaften ist der Bau, den man auf den ersten Blick in Schweden oder Norwegen vermuten würde, höchst ungewöhnlich. Innerhalb von nur sechs Wochen errichtete Prof. Ernst Neufert (1900-1986), Schüler und enger Mitarbeiter von Bauhaus-Direktor Walter Gropius, im Jahre 1929 dieses zweigeschossige Versuchshaus. Nicht weil irgendeine Bau-Ideologie danach verlangte, sondern weil Wirtschaftlichkeit die oberste Maxime war. Und weil Neufert eine Vorliebe für den natürlichen, praktischen Werkstoff mit seinen guten wärmephysikalischen und statischen Eigenschaften hatte.

Schwedische und nordamerikanische Vorbilder flossen in die Konstruktion ein. Auf einer Grundfläche von zehn mal zehn Metern boten die zwei Etagen Platz für Familie und Arbeitsatelier. Die Zimmerei bewältigte die Arbeit, wie Neufert rühmte, „mit einer solchen Meisterschaft, daß das ganze Holzgerippe zum eigenen Erstaunen der Zimmerer nach zweieinhalb Tagen richtfestreif dastand."

Seit 1993, nach Renovierungsarbeiten, die der Sohn, Architekt Peter Neufert, mit seinen Partnern vornehmen ließ, werden die Räume wieder von Architekten genutzt. L1

Naturnah: Neuferts Kinder liebten das große Grundstück und erinnern sich gern an die sommerlichen Gartenfeste

Christiane Weber, *Feuilletonredakteurin in Weimar, veröffentlichte mehr als hundert vielbeachtete Reportagen über Weimarer Villen in der* Thüringischen Landeszeitung, *woraus zwei Dokumentarbücher entstanden (s. S. 129).*
Wilfried Bauer, *Jahrgang 1944, lebt und arbeitet als Fotograf in Hamburg.*

Streng und sachlich: auch die Innenarchitektur des Holzhauses von Gelmeroda folgt den Bauhaus-Prinzipien

Titel: Goethes Gartenhaus und der Weimaraner. Tina Hager fotografierte diese Ikonen der Stadt

TIPS UND HINWEISE

Stand: November 1998
alle Angaben ohne Gewähr

Zur raschen Orientierung wird auf die Planquadrate der großen MERIAN-Karte hingewiesen

AUSKUNFT

Telefonvorwahl: 03643

TOURIST-INFORMATION WEIMAR
Markt 10, Tel. 2400-0, Fax 240040 März-Oktober: Mo-Fr 9-18, Sa 9-16, So 10-16 Uhr, November - Februar: Mo-Fr 9-18, Sa 9-13 Uhr Über die Tourist-Information erreicht man auch den Ticketservice Weimar 1999, wo es Karten für die Kulturstadt-Veranstaltungen zu kaufen gibt (G 4).

SERVICE CENTER THÜRINGEN
Weimarische Straße 45, 99099 Erfurt Tel. (0361) 37420, Fax 3742-388, Mo bis Fr 9-20, Sa u. So 9-14 Uhr Das Service Center bietet Informationen über Reiseziele, zu Rundreisen und Sehenswürdigkeiten in Thüringen.

ANREISE

Bahn Weimar liegt an der Intercity-Strecke Frankfurt-Leipzig-Dresden (Anfahrtszeiten: von Berlin 3,5 Std., Hamburg 5 Std., München 5 Std.).
Auto Von Osten bzw. Westen erreicht man die Stadt am besten über die A 4 Dresden/Eisenach/Weimar. Wer aus dem Süden oder dem Norden kommt, fährt auf der A 9 bis zum Hermsdorfer Kreuz, dann weiter in Richtung Erfurt/Frankfurt.
Parken Es empfiehlt sich nicht, mit dem Auto in die Innenstadt zu fahren, da fast der gesamte Altstadtkern für den Privatverkehr gesperrt ist. Park & Ride-Möglichkeiten gibt es im Süden (Friedhof Berkaer Straße) und im Westen (am Stadion). Auf diesem Parkplatz können Pkw, Busse und Caravans geparkt werden. Beide P & R-Plätze sind über die Buslinie 5 mit dem Zentrum verbunden.

VERKEHRSMITTEL

Linienbusse Weimar verfügt über ein gut ausgebautes Nahverkehrsnetz. 12 Buslinien verbinden alle wichtigen Punkte der Stadt. Einzelfahrscheine (2,50 DM) können direkt beim Busfahrer gelöst werden, die preiswertere Acht-Fahrten-Karte (12 DM) gibt es am Kiosk gegenüber dem Hauptbahnhof, im Pavillon am Goetheplatz und in zahlreichen Geschäften. Es wird auch ein 24-Stunden-Ticket (8 DM) angeboten.
Taxi Taxistellplätze gibt es in der Puschkinstraße, am Theaterplatz, am Goetheplatz und am Hauptbahnhof. Die Taxi-Rufnummern sind 903600 und 903900 sowie 59555.
Fahrradverleih Fahrräder können bei der Grünen Liga (Goetheplatz 9b, Tel. 53130) gemietet werden: Räder ohne Gangschaltung kosten 5 DM pro Tag, mit Schaltung 10 DM. Auf Wunsch werden Stadtpläne und Umgebungskarten verliehen.

UNTERWEGS IN WEIMAR

Die Tourist-Information bietet einen zweistündigen Stadtrundgang an, jeweils um 11 Uhr und um 14 Uhr (pro Person 12 DM, ermäßigt 8 DM). Individuelle Führungen sind nach Vereinbarung möglich (130 DM). Für Gruppen gibt es thematische Rundgänge zu folgenden Themen: Staatliches Bauhaus, Jugendstil in Weimar, Frauen im Klassischen Weimar, Parks in und um Weimar, Weimarer Musikgeschichte vom 18. bis 20. Jahrhundert und Weimar im Dritten Reich. Ferner sind ein kulinarischer Stadtrundgang und eine Tour für Rollstuhlfahrer im Programm (zwischen 245 DM und 340 DM). Einstündige Rundfahrten im Kleinbus der Stadtrundfahrt Weimar starten von April bis Ende Oktober am Frauentor (10, 12, 14 und 16 Uhr, Erwachsene 26 DM, Kinder 13 DM); im Winter nach Vereinbarung (Tel. 59526). Kutschfahrten bietet Gunter Grobe nach Absprache (Tel. 202719); die 45minütige Rundfahrt mit Erklärungen kostet 10 DM pro Person, Ausflüge gibt es für 60 DM pro Stunde (inkl. aller Teilnehmer). Einstündige Fahrten mit der Fahrrad-Rikscha (Tel. 0172/3578631) kosten 60 DM.

WEIMAR99CARD

Für 19,99 DM können Besucher die WEIMAR99CARD erwerben. Mit der Karte können sie drei Tage lang alle Linienbusse nutzen und haben freien Eintritt im Goethe-Nationalmuseum, Goethes zweitem Gartenhaus (dem Double) und dem Neuen Museum. In mehr als 20 anderen Museen und Ausstellungen erhalten Kartenbesitzer 20 Prozent Rabatt. In Kulturstadt-Veranstaltungen und Aufführungen des Nationaltheaters reduziert sich der Eintrittspreis um zehn Prozent. Außerdem erhalten Karteninhaber 30 Prozent Ermäßigung auf Stadtführungen der Tourist-Information. Für Bahnreisende, die mehr als 100 km Anfahrt hatten, ist die Rückfahrt mit der WEIMAR99CARD kostenlos (Hinfahrtticket aufheben!). Außerdem können mit der WEIMAR99CARD Komplettpakete mit Übernachtungen, Stadtführungen, Museumsbesuchen und Veranstaltungen verbilligt gebucht werden.
Genaue Informationen gibt es an den Verkaufsstellen der WEIMAR99 CARD, in Weimar z. B. bei der Tourist-Information, im SALVE-Kulturstadtladen, in den meisten Museen und bei vielen Hotels. In ganz Deutschland wird die WEIMAR99CARD an den Fahrkartenschaltern der Deutschen Bahn und in Reisebüros mit dem Zeichen „Weimar 99 – travel partner" verkauft.

ÜBER NACHT

CHRISTLICHES HOTEL AMALIENHOF WEIMAR
Amalienstraße 2, Telefon 5490, Fax 549110, 22 Zi., 2 Suiten, DZ ab 170 DM, Visa, Euro, AmEx Traditionsreiche Adresse, nur einen Steinwurf vom Goethehaus entfernt. Das um 1826 erbaute Haus präsentiert sich im besten Biedermeierstil (H 4)

DERAG HOTEL RUSSISCHER HOF
Goetheplatz 2, Tel. 7740, Fax 902337, 110 Zi., 15 Suiten, DZ ab 170 DM, Visa, Diners, AmEx, Euro Komfortables Hotel in einem 1998 restaurierten klassizistischen Bau, der als Herberge Tradition hat. Zu den Gästen gehörten Franz Liszt, Clara und Robert Schumann sowie der russische Dichter Iwan Turgenjew. Nach seiner Eröffnung im Jahre 1805 hieß das Hotel zu Ehren des russischen Zaren zunächst Alexanderhof (F 3/4)

DORINT HOTEL WEIMAR
Beethovenplatz 1/2, Tel. 872-0, Fax 872-100, 124 Zi., 19 Suiten, DZ ab 310 DM, Visa, Euro, AmEx, Diners, JCB, EC

Kunst und Architektur: das Bauhaus-Museum am Theaterplatz

GRUNDDATEN

Einwohner. 62.100
Fläche. . . . . 84,27 km²
Museen insgesamt 25
(davon Stift. Weim. Klassik . . . 12)
Besucher pro Jahr . . . . . . ca. 2 Mio.

DATEN ZUR GESCHICHTE

899 *Erste urkundliche Erwähnung von Wimare („geweihte Stätte")*
975 *Kaiser Otto II. erwähnt die Siedlung Burg Weimar in einer Urkunde; das Dokument gilt als Geburtsurkunde der Stadt*
1168 *Der erste Bau der Jakobskirche wird geweiht*
um 1250 *Stadtgründung „in civitate nostre Wimar". Der Ort ist zu dieser Zeit eine Siedlung von Bauern und Handwerkern*
1410 *Verleihung des Stadtrechts*
um 1430 *Bau des ersten Rathauses*
1485 *Weimar wird eine Residenz des sächsischen Hofes*
1525 *Die Reformation setzt sich durch: Weimar wird evangelisch*
1552 *Kurfürst Johann Friedrich zieht in die Stadt ein; auch Lucas Cranach d. Ä. kommt an die Ilm*
1653 *Erste Erwähnung des Zwiebelmarktes*
1708 *Johann Sebastian Bach wird zum Konzertmeister ernannt*
1741 *Weimar wird Hauptstadt des Herzogtums Sachsen-Weimar-Eisenach*
1756 *Herzog Ernst August Constantin heiratet Anna Amalia*
1758 *Der Herzog stirbt. Anna Amalia übernimmt für ihren einjährigen Sohn Carl August die Regentschaft*
1772 *Der Dichter Christoph Martin Wieland kommt als Fürstenerzieher an den Hof*
1774 *Schloßbrand*
1775 *Carl August übernimmt die Regentschaft; Goethe kommt an den Hof*
um 1800 *sog. „Goldenes Zeitalter": Höhepunkt der deutschen Klassik*
1825 *Eröffnung des neuen Hoftheaters*
1828 *Tod des Großherzogs Carl August*
1832 *Goethe stirbt. Er wird in der Fürstengruft beigesetzt*
1842 *Franz Liszt zum Kapellmeister am Weimarer Hof berufen*
1848-1902 *sog. „Silbernes Zeitalter": Periode großer kultureller Leistungen in Musik (Liszt, Strauss), Architektur, Literaturwissenschaft*
1857 *Auf dem Theaterplatz wird das Schiller- und Goethedenkmal enthüllt*
1907 *Der Jugendstilarchitekt Henry van de Velde gründet die Kunstgewerbeschule (1917 geht er ins Exil)*
1918 *Wilhelm Ernst, Großherzog seit 1901, dankt ab*
1919 *Die Nationalversammlung tagt von Februar bis August im Hoftheater (dann Nationaltheater genannt) und beschließt die erste demokratische Verfassung („Weimarer Republik"). Walter Gropius gründet das Bauhaus*
1920 *Weimar wird Hauptstadt des Landes Thüringen (bis 1952)*
1926 *Erster Reichsparteitag der NSDAP; Weimar wird „Gauhauptstadt"*
1937 *Auf dem Ettersberg wird das KZ Buchenwald errichtet*
1945 *Zerstörungen durch einen Luftangriff. Kapitulation. Befreiung Buchenwalds. Thüringen wird der Sowjetischen Zone zugeschlagen*
1948 *Das Nationaltheater wird wiedereröffnet*
1975 *1000jähriges Stadtjubiläum*
1988 *Eröffnung des Schillermuseums, des einzigen DDR-Museumsneubaus*
Ende Oktober 1989 *Demonstrationen gegen das SED-Regime auf dem Platz der Demokratie*
3. Oktober 1990 *Wiedererlangung der deutschen Einheit*
1999 *Weimar ist (die bis dato kleinste) „Kulturstadt Europas"*

Fotos: Tina Hager, Fulvio Zanettini

Das 1998 eröffnete Hotel liegt nahe am Park an der Ilm, zwei Minuten Fußweg vom Marktplatz entfernt. Von einigen Zimmern aus können die Gäste in den Garten des Goethehauses am Frauenplan blicken (G 4/5)

FREMDENHEIM IM HAUS DER FRAU VON STEIN
Ackerwand 23, Tel. 90 53 57, 6 Zi., DZ ab 80 DM, keine Karten Geschichtsträchtiges Haus mit einfacher Ausstattung (Etagendusche/-toilette) und freundlicher Wirtin. Hier hat Marlene Dietrich gewohnt (siehe S.40) (G 5)

HABABUSCH HOSTEL
Geleitstraße 4, Telefon 85 07 37, Fax 40 26 15, 6 Zi., DZ ab 20 DM In dem efeuberankten, über 200 Jahre alten Haus direkt hinterm Donndorf-Brunnen finden Low-Budget-Touristen eine preiswerte Bleibe. Es gibt eine Selbstversorgerküche und Gemeinschaftsduschen (F 4)

HOTEL VILLA HENTZEL
Bauhausstraße 12, Telefon 86 58-0, Fax 86 58 19, 13 Zi., DZ ab 140 DM, Visa, Diners, AmEx, Euro Stilvolles Übernachten in einer schön restaurierten klassizistischen Villa in der Nähe des historischen Friedhofs. Im Hause lebte ein Jahr lang der Anthroposoph Rudolf Steiner (H 4)

INTERCITY HOTEL WEIMAR
Carl-August-Allee 17, Telefon 234-0, Fax 234-444, 133 Zi., 1 Suite, DZ ab 190 DM, Visa, Euro, AmEx, Diners Das gegenüber dem Hauptbahnhof gelegene traditionsreiche „Hotel Kaiserin Augusta" wurde mit Bedacht restauriert und auf den modernsten Stand gebracht. Auch Nichtraucherzimmer (D 4)

KEMPINSKI HOTEL ELEPHANT
Markt 19, Telefon 80 20, Fax 80 26 10, 98 Zi., 4 Suiten, DZ ab 310 DM, Visa, Euro, AmEx, Diners, JCB Das 1696 als Gasthof gegründete Hotel ist seit langer Zeit schon das erste Haus am Platz. Stilvolle Gesellschaftsräume, Zimmer und Flure im Bauhausstil eingerichtet (G 4)

ROLLOVER
Burgplatz 2, Telefon 51 88 43, Fax 51 88 44, 7 Zi., DZ ab 120 DM (inkl. Frühstück), Visa, Euro, AmEx, Diners Kleine Pension mitten im Zentrum. Freitagsabends treten im Gewölbekeller Rock- und Bluesbands auf (F/G 5)

WEIMAR HILTON
Belvederer Allee 25, Telefon 72 20, Fax 72 27 41, 294 Zi., 6 Suiten, DZ ab 300 DM, Visa, Euro, AmEx, Diners, JCB, EC Das am Ilmpark gelegene Haus bietet höchsten Komfort. Kongreßservice, Veranstaltung von Ausflügen (J 6)

WOLFFS ART HOTEL
Freiherr-vom-Stein-Allee 3a/b, Tel. 540 60, Fax 54 06 99, 30 Zi., 5 Suiten, DZ ab 250 DM, AmEx, Diners, Visa, Euro Komforthotel mit Kongreßservice und angeschlossenem Trainings- und Weiterbildungszentrum (I 4)

RESTAURANTS

ELEPHANTENKELLER
Markt 19, Tel. 80 26 66 oder Rezeption des Hotels Elephant, Fax 80 26 10, Hauptgerichte 16-26 DM, Mo-Sa 12-15, 18-24 Uhr, So 12-15 Uhr, Visa, Euro, AmEx, Diners, JCB Herzog Wilhelm Ernst persönlich verlieh seinem Hofkoch Christian Andreas Barrittig am 17. Februar 1696 die Konzessionsurkunde für den Elephant. Und noch heute ist der älteste Teil des später gegründeten Hotels eine der besten Adressen vor allem für regionale Küche (G 4)

GASTHAUS GRABENSCHÄNKE
Am Graben 8, Telefon 90 21 07, Fax 90 21 07, Hauptgerichte 9-22 DM, Mo-So 9-24 Uhr, AmEx, Euro In der kleinen Kneipe am Rand der Altstadt werden Thüringer Gerichte wie Bratwurst vom Holzkohlengrill serviert. Die Klöße gelten als die besten der Stadt (F 4)

GASTHAUS ZUM WEISSEN SCHWAN
Am Frauenplan 23, Telefon 20 25 21, Fax 20 25 75, Hauptgerichte 19-33 DM, Mo-So 11-24 Uhr, Visa, Euro, AmEx, Diners Eines der ältesten Gasthäuser Europas, gilt als beste Adresse in Weimar. Zu den Stammkunden zählte Goethe, der gleich nebenan wohnte. Hervorragende regionale Spezialitäten, z.B. Entenbraten (G 4)

GASTMAHL DES MEERES
Herderplatz 16, Telefon 51 47 15, Fax 51 47 15, Hauptgerichte von 10-29 DM, Di-So 11-22, Mo 11-15 Uhr Visa, Euro, AmEx Forellen, Karpfen und Barsche kommen frisch aus Gewässern der Umgebung (F 4)

RESTAURANT SÄCHSISCHER HOF
Eisfeld 12, Tel. 40 13 84, Hauptgerichte 7,50-24 DM, Mo-So 11-1 Uhr Einheimische Gerichte auf gutbürgerliche Art (F 4)

RESTAURANT SHAKESPEARES
Windischenstraße 4-6, Tel. 90 12 85, Hauptgerichte 18-35 DM, Mo-Fr 16 bis 1, Sa, So 12-1 Uhr Chefkoch Jean-Luc Bellon aus Guadeloupe zaubert hervorragende französische Gerichte. Das Restaurant bietet im Keller ab und zu Disco, Lesungen und Jazz-Abende (G 4)

RHODOS PALLAS
Bauhausstr. 12, Tel. 40 23 22, Hauptgerichte 14-27 DM, Mo-So 11.30-15, 17.30-1 Uhr, Visa, Diners, AmEx, Euro Hervorragende Küche aus Thessalien mit Spezialitäten wie Schwertfisch, Lachs und Lamm. Die Wandbilder in dem gemütlich eingerichteten Kellerrestaurant hat der Wirt selbst gemalt (H 4)

SCENARIO
Meyerstr. 39, Tel. 85 10 80, Hauptgerichte 7.50-19.50 DM, Mo-Fr 11-1, Sa, So 12-1 Uhr, Visa, AmEx, Euro, Diners Hauptsächlich italienische Küche. Es werden ständig Bilder internationaler Künstler gezeigt, die man auch kaufen kann (D 4)

SPEISEGASTSTÄTTE WALDSCHLÖSSCHEN WEIMAR
Jenaer Str. 56, Tel. 90 37 08, Hauptgerichte 9-18 DM, Fr-Di 11 bis 22, Do 16-22 Uhr, MasterCard, AmEx Deftige Thüringer Hausmannskost. Das Gasthaus verfügt über eine eigene Räucherei (G 6)

ZUM ZWIEBEL
Teichgasse 6, Tel. 50 23 75, Hauptgerichte 10-23 DM, Mo- So 11-1 Uhr Gemütliche Kneipe, in der deftige einheimische Kost serviert wird. Zu den Spezialitäten zählt hausgemachter Zwiebelkuchen (F 4)

MERIAN zum Weiterempfehlen

Für den neuen Abonnenten: 12 Ausgaben von Europas großem Reise- und Kulturmagazin zum Vorteilspreis von 149,40 DM statt 177,60 DM im Jahr (28,20 DM gespart).

Und für Sie: eine Prämie Ihrer Wahl.

MERIAN PRÄMIEN-KARTE

MERIAN. Die Lust am Reisen.

Die schönsten Opernhäuser der Welt. Opulent bebildert und illustriert, in Leinen gebunden mit Schutzumschlag. Format 26,5 x 31,5 cm.

MERIAN zum Bestellen

Holen Sie sich die Welt ins Haus!

Sie erhalten das MERIAN-Abonnement zum Vorteilspreis von 149,40 DM statt 177,60 DM (für 12 Ausgaben frei Haus).

Und dazu den originellen Brieföffner „Die Katze" aus Edelstahl von Carl Mertens. Als Dankeschön für Ihr Interesse.

MERIAN ABO-KARTE

12 x MERIAN und „Die Katze" dazu.

MERIAN. Die Lust am Reisen.

DER FEINSCHMECKER ZUM KENNENLERNEN

Deutschlands führendes Magazin für kulinarische Lebensart wurde als weltbestes Food and Wine Magazine ausgezeichnet. Probieren Sie: Drei Hefte zum Preis von zweien. DM 19,60 statt DM 29,40!

DER FEINSCHMECKER KENNENLERN-KARTE

Drei aktuelle FEINSCHMECKER-Ausgaben für DM 19,60 statt DM 29,40. Und als Dankeschön den Wein-Einkaufsberater von Dagmar Ehrlich.

&

Über 500 Weine unter 20 DM aus 18 Ländern. Mit Etiketten-Abbildungen, Preisen, Hintergrundinformationen und Bezugsquellen-Nachweis. Auf über 300 Seiten, gebunden.

ICH bekomme folgende Prämie für die Vermittlung des Abonnenten:

(1) MERIAN-Jahrgang 1998 + Acryl-Sammelbox (ohne Zuzahlung)

(2) Bildband „Die schönsten Opernhäuser der Welt"

Name des Prämienempfängers | Vorname

Straße/Nr. | PLZ/Ort

Ich bestelle MERIAN für mindestens ein Jahr im Abonnement zum Vorzugspreis von DM 149,40 pro Jahr (12 Ausgaben) frei Haus:

Name des neuen Abonnenten | Vorname

Straße/Nr. | PLZ/Ort

Gewünschte Zahlungsweise (bitte ankreuzen): ☐ bequem und bargeldlos per Bankeinzug.

Bankleitzahl | Kontonummer

Geldinstitut

☐ gegen Rechnung. Ich warte ab, bis Sie mir die Rechnung schicken

Datum / 1. Unterschrift

Widerrufsgarantie: Die Bestellung wird erst wirksam, wenn sie nicht binnen einer Woche schriftlich beim MERIAN-Leserservice, Postfach 60 12 20, 22212 Hamburg, widerrufen wird. Zur Wahrung der Frist genügt die rechtzeitige Absendung des Widerrufs. Dieses Angebot gilt nur in der Bundesrepublik Deutschland und so lange der Vorrat reicht. Die Kenntnisnahme dieser Hinweise bestätige ich durch meine zweite Unterschrift:

Datum / 2. Unterschrift ME 1/99 - 656

Gebühr bezahlt
MERIAN
für Sie

Antwort

MERIAN
Leserservice
Postfach 60 12 20

22212 Hamburg

Ich bestelle MERIAN für mindestens 1 Jahr zum Preis von DM 149,40 (Einzelheft DM 12,45 statt DM 14,80) inkl. Porto:

Name/Vorname des neuen Abonnentenn

Straße/Hausnummer

PLZ/Wohnort

Als Dankeschön für mein Interesse erhalte ich den Brieföffner „Die Katze" von Carl Mertens.

Gewünschte Zahlungsweise bitte ankreuzen:

☐ bequem und bargeldlos durch Bankeinzug

Bankleitzahl | Kontonummer

Geldinstitut

☐ Gegen Rechnung. Bitte Rechnung abwarten.

Unterschrift des Bestellers

Widerrufsgarantie: Diese Bestellung wird erst wirksam, wenn sie nicht binnen einer Woche schriftlich beim MERIAN Leserservice widerrufen wird. Zur Wahrung der Frist genügt die rechtzeitige Absendung des Widerrufs. Dieses Angebot gilt nur solange der Vorrat reicht. Das Dankeschön darf ich auch bei Widerruf behalten. Dies bestätige ich mit meiner zweiten Unterschrift:

2. Unterschrift des Bestellers ME 1/99 - 657

Gebühr bezahlt
MERIAN
für Sie

Antwort

MERIAN
Leserservice
Postfach 60 12 20

22212 Hamburg

JA, senden Sie mir die nächsten 3 FEINSCHMECKER-Ausgaben für DM 19,60 statt DM 29,40. Nur wenn ich nach Erhalt der 2. Ausgabe nicht schriftlich absage, beliefern Sie mich bitte im Jahres-Abonnement weiter: 12 Ausgaben zum Vorteilspreis von z. Zt. DM 8,80 statt DM 9,80 bei Einzelkauf (12 Ausgaben = DM 105,60 im Jahr) inkl. Porto frei Haus. Als Dankeschön für mein Interesse erhalte ich den Weinführer:

Name/Vorname

Straße/Hausnummer

PLZ/Ort

Gewünschte Zahlungsweise bitte ankreuzen:

☐ bequem und bargeldlos durch Bankeinzug

BLZ | Kontonummer

Geldinstitut

☐ **gegen Rechnung.** Bitte Rechnung abwarten, keine Vorauszahlung leisten.

Unterschrift des neuen Abonnenten

Widerrufsgarantie: Die Bestellung wird erst wirksam, wenn sie nicht binnen einer Woche schriftlich beim Leserservice DER FEINSCHMECKER, Postfach 60 12 20, 22212 Hamburg, widerrufen wird. Zur Wahrung der Frist genügt die rechtzeitige Absendung des Widerrufs. Das Dankeschön kann ich auch bei Widerruf behalten. Die Kenntnisnahme dieses Hinweises bestätige ich mit meiner 2.Unterschrift:

2. Unterschrift des neuen Abonnenten ME 1/99 - 18236

Gebühr bezahlt
Der Feinschmecker
für Sie

Antwort

DER FEINSCHMECKER
Leserservice
Postfach 60 12 20

22212 Hamburg

DIE VORTEILE, WENN SIE MERIAN ABONNIEREN

1. DER PREISVORTEIL

Sie erhalten 12 Hefte zum Vorzugspreis von DM 149,40 statt DM 177,60 und sparen DM 28,20. Das sind 15 % !

2. DER LIEFERVORTEIL

Jeden Monat bekommen Sie MERIAN pünktlich frei Haus. Die Kosten für Verpackung und Porto übernehmen wir.

3. DIE RESERVIERUNG

Von jedem neuen MERIAN ist ein Exemplar für Sie reserviert, auch wenn die Ausgabe sonst vergriffen sein sollte.

4. DIE WIDERRUFS-GARANTIE

Eine Bestellung wird erst wirksam, wenn sie nicht binnen einer Woche schriftlich beim MERIAN-Leserservice, Postfach 60 12 20, 22212 Hamburg, widerrufen wird. Zur Wahrung der Frist genügt die rechtzeitige Absendung des Widerrufs.

Selbstverständlich können Sie Ihr MERIAN-Abonnement jederzeit per Fax 040 / 27 17 20 79 oder telefonisch über unsere Abo-Hotline bestellen. Wählen Sie 0180 / 5 110 110.

(Aus dem Ausland bitte Rufnummer für Deutschland vorwählen)

JA! Ich bestelle die nächsten 10 Ausgaben der WOCHE für nur 24,- frei Haus. Wenn mich DIE WOCHE überzeugt und ich mich nach Eintreffen des siebten Exemplars nicht bei der WOCHE gemeldet habe, bekomme ich DIE WOCHE für mindestens ein Jahr. Pro Ausgabe bezahle ich dann nur DM 3,50 bei Einzelkauf (im Ausland zzgl. Portokosten).

Name/Vorname

Straße/Hausnummer

PLZ /Ort

Datum/Unterschrift

Und so möchte ich zahlen (bitte ankreuzen):

☐ **Bequem und bargeldlos** durch Bankeinzug

Bankleitzahl Kontonummer

Geldinstitut

☐ **gegen Rechnung.** Bitte Rechnung abwarten, keine Vorauszahlung leisten.

Widerrufsgarantie: Die Bestellung kann ich innerhalb von 10 Tagen widerrufen. Eine Mitteilung an DIE WOCHE, Leserservice, Postfach 60 04 69, 22204 Hamburg genügt. Die Frist beginnt mit Absendung dieser Bestellung (Poststempel). Die Kenntnisnahme dieser Hinweise bestätige ich mit meiner 2. Unterschrift.

Datum/Unterschrift ME 1/99 DW

Gebühr bezahlen wir für Sie

Antwort

DIE WOCHE
Leserservice
Postfach 60 04 69

22204 Hamburg

Ich möchte MERIAN verschenken. Senden Sie bitte MERIAN für 1 Jahr zum Preis von DM 149,40 (Einzelheft DM 12,45 statt DM 14,80) inkl. Porto an folgende Adresse:

Name/Vorname des Beschenkten

Straße/Hausnummer

PLZ/Wohnort

Die Rechnung und die zwei Reiseaccessoires gehen an mich:

Name/Vorname des Bestellers

Straße/Hausnummer

PLZ/Wohnort

Gewünschte Zahlungsweise bitte ankreuzen: ☐ Bequem und bargeldlos durch Bankeinzug

Bankleitzahl Kontonummer

Geldinstitut

☐ Gegen Rechnung. Bitte Rechnung abwarten.

Unterschrift des Bestellers

Widerrufsgarantie: Diese Bestellung wird erst wirksam, wenn sie nicht binnen einer Woche schriftlich beim MERIAN Leserservice widerrufen wird. Zur Wahrung der Frist genügt die rechtzeitige Absendung des Widerrufs. Dieses Angebot gilt nur solange der Vorrat reicht. Das Dankeschön darf ich auch bei Widerruf behalten. Dies bestätige ich mit meiner zweiten Unterschrift:

2. Unterschrift des Bestellers ME 1/99 - 658

Gebühr bezahlt MERIAN für Sie

Antwort

MERIAN
Leserservice
Postfach 60 12 20

22212 Hamburg

Ab jetzt kommt MERIAN
jeden Monat per Post zu Ihnen ins Haus.
Ein ganzes Jahr lang als Geschenk.
Das sind 12 Reisen zu den schönsten
Zielen dieser Welt.

Viel Freude mit MERIAN wünscht

....

....

MERIAN. Die Lust am Reisen.

Ausgezeichnet

Best Design an Photography in German Books. Ausgezeichnet anläßlich des 5th World Cookbook Fair Award 1998.

Das erste deutsche Kochbuch über Südafrika: mit authentischen Rezepten, sinnlichen Fotos und außergewöhnlicher Aufmachung

108 Seiten, gebunden.
Großformat: 27 x 38 cm.
Erhältlich im Buchhandel
ISBN 3-7742-4091-0

DM 128,–

Preis inkl. Porto und Verpackung

Bestellen Sie einfach per Telefon: Hotline: 0180-5 110 110 oder per Fax: 040-2717-2079

(Aus dem Ausland bitte Rufnummer für Deutschland vorwählen)

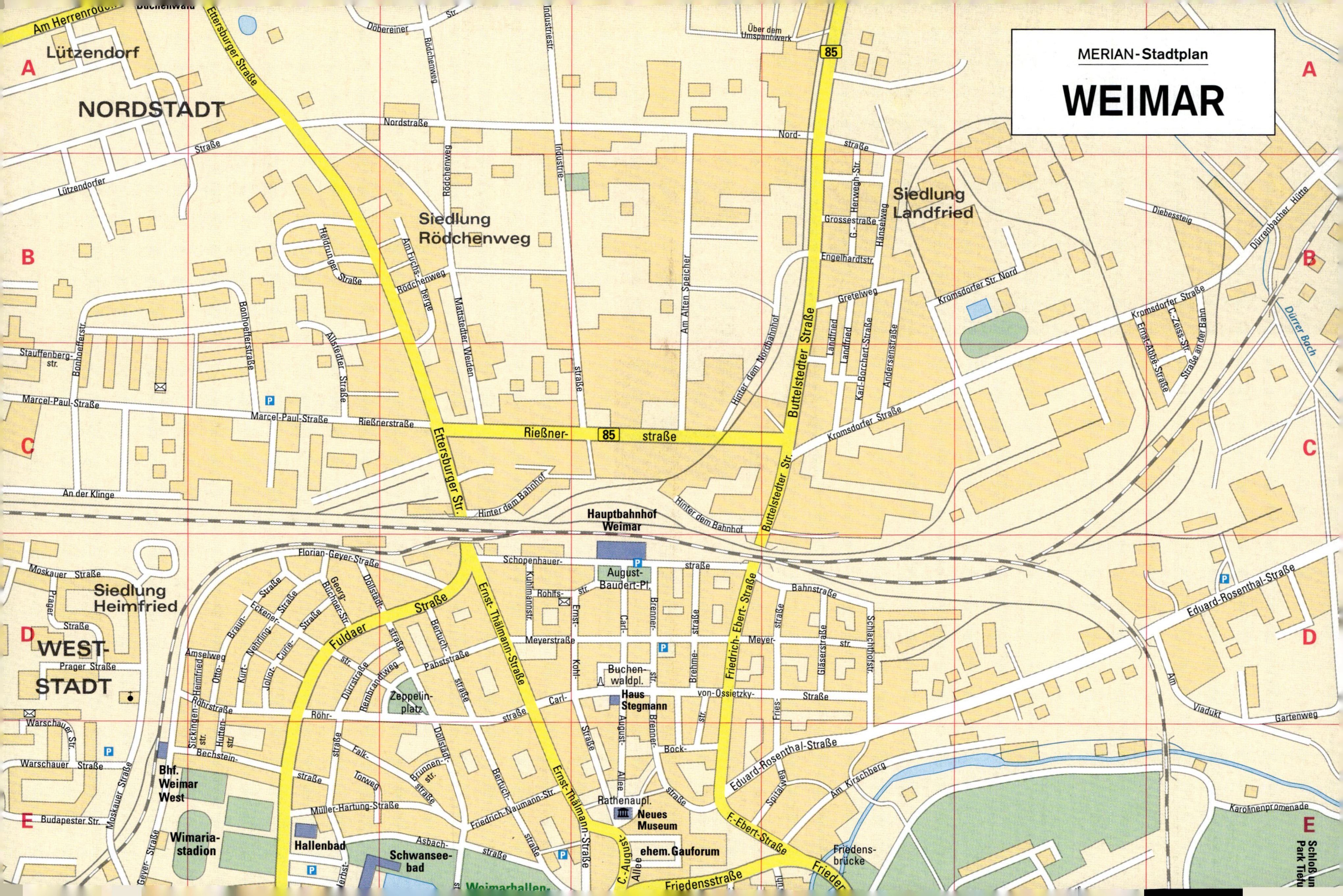
MERIAN-Stadtplan
WEIMAR
NORDSTADT
Lützendorf
Siedlung Rödchenweg
Siedlung Landfried
Siedlung Heimfried
WEST-STADT
Hauptbahnhof Weimar
Bhf. Weimar West
Wimaria-stadion
Hallenbad
Schwansee-bad
Zeppelin-platz
Haus Stegmann
Neues Museum
ehem. Gauforum
Rathenaupl.
Buchen-waldpl.
August-Baudert-Pl.
Friedens-brücke
Dürrer Bach
Ettersburger Straße
Ettersburger Str.
Rießner-straße
Buttelstedter Straße
Friedrich-Ebert-Straße
Ernst-Thälmann-Straße
Fuldaer Straße
Eduard-Rosenthal-Straße
Kromsdorfer Straße
Nordstraße
Industriestr.
Marcel-Paul-Straße
Schopenhauer-straße
Florian-Geyer-Straße
Moskauer Straße
Am Kirschberg
Karolinenpromenade
Am Viadukt
Gartenweg
Schloß und Park Tiefurt
85

nert an die Opfer des Kapp-Putsches vom März 1920 (H-J 3-4)

JAKOBSKIRCHE
Am Jakobskirchhof, Mo-Fr 11-15, Sa 10-12 Uhr. Errichtet wurde der schlichte einschiffige Bau 1712/13. Im Jahr 1728 Garnisonskirche, nach dem Schloßbrand von 1774 zudem Hofkirche. In der Sakristei heiratete Goethe am 19. Oktober 1806 Christiane Vulpius. Auf dem Jakobskirchhof, der ältesten Begräbnisstätte Weimars, sind u.a. Christiane Vulpius, Lucas Cranach d.Ä. und Henriette von Seebach begraben. Im Kassengewölbe an der Südostseite wurde Schiller beigesetzt, ehe er Jahre später in der Fürstengruft auf dem Historischen Friedhof seine letzte Ruhestätte fand (F 4)

JÜDISCHER FRIEDHOF
Leibnizallee 1774 vor den Toren der Stadt angelegt, doch später sehr vernachlässigt. Nach der Restaurierung 1983 wurde der Friedhof eine Gedenkstätte (G 5/6)

RUSSISCH-ORTHODOXE KAPELLE
Historischer Friedhof, Mi-Mo 9-17 Uhr Die Grabkapelle der Großherzogin Maria Pawlowna, errichtet 1860 bis 1862, steht Besuchern offen. Etwa 100 Mitglieder der russisch-orthodoxen Gemeinde halten in dem prächtigen Bau mit den fünf Zwiebelkuppeln ihre Gottesdienste ab (I 4)

STADTKIRCHE ST. PETER UND PAUL
Herderplatz, Mo-Sa 10-12, 14-16 Uhr Die Geschichte der Stadtkirche geht bis ins 13. Jh. zurück. Ihre äußere Form erhielt sie zwischen 1498 und 1500; im Inneren steht der prachtvolle Flügelaltar, dessen Gestaltung Lucas Cranach d.Ä. begonnen und sein Sohn Lucas Cranach d.J. beendet hat. Die Kirche wird auch Herderkirche genannt, nach Johann Gottfried Herder, der 1776-1803 hier Oberpfarrer war. Die Stadtkirchnerei bietet Führungen an (Tel. 85 15 18) (F 4)

SEHENSWERT

ALTENBURG
Jenaer Str. 3 Der Musiker und Komponist Franz Liszt bewohnte die klassizistische „Alte Burg" 1848-61 mit seiner Lebensgefährtin, der Fürstin Carolyne von Sayn-Wittgenstein. Das 1811 errichtete Gebäude, das heute eine Pension beherbergt, war Mitte des 19. Jh. das Zentrum des künstlerischen Lebens der Stadt (F 5)

CRANACH-HAUS
Markt 12 Seinen Namen hat das schöne Renaissance-Haus an der Ostseite des Marktes von Lucas Cranach d. Ä., der es 1552 bezog, aber bereits ein Jahr später starb. In seinem Atelier im 3. Stock entstand das Altarbild der Stadtkirche, das von seinem Sohn Lucas d.J. vollendet wurde. Das Wappen der Cranachs ist über dem rechten Bogenfenster zu sehen. Im Erdgeschoß gibt es eine Kunstgalerie (G 4)

DEUTSCHES NATIONALTHEATER
Theaterplatz Nach dem Schloßbrand von 1774 wurde das Haus 1779 erbaut, bis dahin gab es Theateraufführungen in der Residenz. Als Glanzeit des Theaters gelten die Jahre 1799-1805, als Goethe und Schiller hier zusammenarbeiteten. In der Nacht zum 22. März 1825 brannte das Haus ab, vier Jahre später gab es die Premiere des „Faust" in einem Neubau. Franz Liszt leitete hier 1850 die Uraufführung von Wagners „Lohengrin". 1907 wurde das Gebäude abgerissen und neu aufgebaut. Im Januar 1919 wurde das Haus zum Deutschen Nationaltheater erklärt. Von Februar bis August 1919 tagte hier die Nationalversammlung der ersten deutschen Republik. Im Zweiten Weltkrieg wurde das Theater zerstört und 1946-48 wieder aufgebaut, finanziert durch Spenden. Zur Eröffnung am 28. August 1948 wurde „Faust" gespielt. Das Goethe-und-Schiller-Denkmal vor dem Theater schuf der Bildhauer Ernst Rietschel. Es wurde am 4. September 1857 enthüllt (G 3)

ECKERMANN-HAUS
Brauhausgasse 13 Hier wohnte Goethes Sekretär und Vertrauter Johann Peter Eckermann, wenige Minuten vom Frauenplan entfernt (G 4)

EHEMALIGES GAUFORUM
Carl-August-Allee 2 Der Thüringer Gauleiter Sauckel hatte seinen Sitz in dem monumentalen Bau, bei dessen erstem Spatenstich Hitler anwesend war. Im Zentrum der Anlage ist ein riesiger Aufmarschplatz. Die Südseite war für die Reichsstatthalterei gedacht, die Nordseite für die NSDAP und die Westseite für die Arbeitsfront. Im Osten sollte eine Versammlungshalle für 15 000 Menschen entstehen. Die nach Kriegsende fertiggestellten Gebäude beherbergen heute u.a. das Thüringer Landesverwaltungsamt (E 4)

FRANZISKANERKLOSTER
Zeughof Das Kloster wurde 1534 aufgehoben, nachdem die Nonnen und Mönche bereits ein Jahr zuvor die Stadt verlassen hatten. Spätter wurde das Kloster als Kornhaus genutzt, heute gibt die Hochschule für Musik „Franz Liszt" hier Konzerte (G 4)

FÜRSTENHAUS
Platz der Demokratie 2-3 Nach dem Schloßbrand von 1774 diente das ursprünglich für die Landstände gebaute Haus als Wohnsitz der fürstlichen Familie. Fast 28 Jahre hielten Carl August und seine Gemahlin Louise im Hause Hof. Das Fürstenhaus war Domizil der Freien Zeichenschule und des Landtages; seit 1951 ist hier die Hochschule für Musik „Franz Liszt". Vor dem klassizistischen Gebäude steht ein Reiterstandbild von Carl August, das den Fürst als römischen Imperator zeigt. Es wurde am 100. Jahrestag seines Regierungsantritts, am 3. September 1875, enthüllt (G 5)

GELBES SCHLOSS
Ecke Kollegiengasse/Grüner Markt Der Witwensitz der Herzogin Charlotte Dorothea Sophie wurde später als Verwaltungssitz und Beamtenwohnhaus genutzt. Zierde des 1702 errichteten Barock-Gebäudes ist das Löwenportal (G 5)

HAUS AM HORN
Am Horn 61 Das einzige Architekturbeispiel des Bauhauses in Weimar ist aufwendig rekonstruiert worden und kann besichtigt werden. Anmeldungen über die Kustodie der Bauhaus-Universität oder den Uni-Freundeskreis (Tel. 580) (H 6)

HAUS DER FRAU VON STEIN
Ackerwand 25 In den oberen Stockwerken des ehemaligen Stallgebäudes der Husaren wohnte Charlotte von Stein von 1777 bis zu ihrem Tod 1827. Heute ist hier eine Pension (G 5)

„Imperator": Fürst Carl August vor dem Fürstenhaus auf dem Platz der Demokratie

Das Büstenzimmer im Goethe-Haus, nach römischem Vorbild gestaltet

HAUS VON HARRY GRAF KESSLER
Cranachstr. 15 Harry Graf Kessler war von 1903 bis 1906 Direktor des Großherzoglichen Museums für Kunst und Kunstgewerbe. Sein Wohnhaus ließ Kessler 1903 von Henry van de Velde einrichten (H 3)

HERDER-HAUS
Herderplatz 8 Wo heute der Superintendent seine Dienstwohnung hat, erinnert eine Tafel an Herder, der hier von 1776 bis 1803 mit seiner Familie wohnte (F 4)

JÄGERHAUS
Marienstr. 5-7 Die Jäger und Förster des Herzogs hatten in dem 1717 bis 1720 erbauten Haus ihr Quartier. Goethe wohnte 1789-92 hier, seine Frau Christiane brachte im Haus den gemeinsamen Sohn August zur Welt. Im Jahre 1816 bezog die Freie Zeichenschule das Haus, dessen Mittelbau im Zweiten Weltkrieg zerstört und später durch einen Neubau ersetzt wurde (H 4)

KASSETURM
Goetheplatz 10 Seinen Namen hat der einstige Eckturm der Stadtbefestigung von der herzoglichen Landschaftskasse, der damaligen Finanzbehörde. Seit 1962 gibt es im Turm einen Studentenclub, den Studenten der damaligen Hochschule für Architektur und Bauwesen ins Leben riefen (F 4)

PARK AN DER ILM
Angelegt wurde der Ilmpark zwischen 1778 und 1833, wobei Goethe regen Anteil nahm. Sein Gartenhaus steht hier. Bei der Parkgestaltung gab keinen festen Plan; die zahlreichen Denkmäler spiegeln die Entwicklungsphasen der Landschaftsgartenkunst wider. Heute steht der Park am der Ilm unter Denkmalschutz (G-I 5)

RÖMISCHES HAUS
Park an der Ilm, Wiedereröffnung voraussichtlich im Juni '99 Goethe nahm entscheidenden Einfluß auf die Gestaltung des Hauses, des ersten im klassizistischen Stil errichteten Gebäudes in Weimar (I 5)

ROTES SCHLOSS
Markt 15 Das heute graugestrichene Gebäude beherbergt den Magistrat von Weimar. Es wurde 1574-76 als Wohnsitz für Dorothea Susanna, die Witwe Herzog Johannes Wilhelms, errichtet (G 5)

BÜCHER

Karl August Böttiger, Literarische Zustände und Zeitgenossen, Aufbau-Verlag 1998, 79,90 DM Schöne Neuauflage der zuerst 1838 erschienenen Aufzeichnungen über Böttigers Gespräche mit Goethe, Schiller, Herder und anderen Größen im klassischen Weimar

Effi Biedrzynski, Goethes Weimar, Artemis Verlags AG 1992, 98 DM Dieses ausführliche Lexikon wurde liebevoll zusammengestellt von der

im Stil des späten Rokoko ist mit seinen Büchern, Büsten, Gemälden und Globen eine Kostbarkeit unter den fürstlichen Schaubibliotheken. Etwa 850 000 Bände, darunter Inkunabeln, Buchhandschriften und seltene Drucke der Reformationszeit (G 5)

KIRMS-KRACKOW-HAUS
Jakobstr. 10, Wiedereröffnung voraussichtlich im April 1999 Eines der ältesten Häuser Weimars, um 1520 im profanen Renaissancestil errichtet. Ort regen gesellschaftlichen Lebens im klassischen und nachklassischen Weimar. Das Wohnensemble im ersten Obergeschoß vermittelt ein vollkommenes Bild bürgerlicher Wohnkultur nach 1800 (F 4)

KUNSTKABINETT AM GOETHEPLATZ
Goetheplatz 9b Die 1880 erbaute Ausstellungshalle wird für Sonderausstellungen des Stadtmuseums genutzt (F 4)

KUNSTSAMMLUNGEN ZU WEIMAR/SCHLOSSMUSEUM
Burgplatz 4, Di bis So 10-18, Nov.-März -16.30 Uhr Die Namen der im Renaissanceschloß ausgestellten Künstler – Lucas Cranach d. Ä., Albrecht Dürer, Anton Graff, Anton Maron, Friedrich August Tischbein, Caspar David Friedrich u.v.m. – lassen erahnen, daß der Besuch Zeit erfordert. Gezeigt werden auch russische Ikonen und Miniaturen aus dem 15. und 16. Jh., Werke der Weimarer Malerschule, graphische Werke aus sechs Jahrhunderten und Künstler der Moderne wie Kandinsky und Klee, außerdem DDR-Kunst. Schön erhaltene Räume, darunter im Westflügel die Goethe, Schiller, Herder und Wieland gewidmeten „Dichterzimmer“ (F 5)

LISZT-HAUS
Marienstr. 17, Di-So 9-13, 14-18 Uhr In der ehemaligen Hofgärtnerei bewohnte Franz Liszt von 1869 bis 1886 im Sommer das erste Geschoß (H 4)

NEUES MUSEUM
Rathenauplatz, Di-So 10-18, Nov.-März -16.30 Uhr Nur zeitgenössische Kunst. Herzstück der Ausstellungen ist die Sammlung Maenz mit mehr als 300 Exponaten internationaler Künstler. Als Großherzogliches Museum 1869 eingeweiht, erlebte das Haus seine Blüte in den zwanziger Jahren. Nachdem es von den Nazis als Gauleitung genutzt worden war, verfiel es in der DDR-Zeit; dank Bürgerprotesten konnte es vor dem Abriß bewahrt werden (E 4)

NIETZSCHE-ARCHIV
Humboldtstr. 36, Di-So 13-16 Uhr Im Haus am Silberblick verbrachte der Philosoph 1897-1900 seine letzten Lebensjahre. Im Auftrag der Nietzsche-Schwester Elisabeth Förster-Nietzsche gestaltete Henry van de Velde 1902-03 das Erdgeschoß zur Arbeits- und Gedenkstätte um. Zu besichtigen sind der Bibliotheksraum des damaligen Archivs und das Arbeitszimmer mit der van de Velde-Einrichtung. Die Archivalien sind in der Anna Amalia Bibliothek und im Goethe- und Schiller-Archiv untergebracht (I 2)

PAVILLON-PRESSE
Scherfgasse 5, Telefon 535 44, Mo 10-17 Fr 9-16 Uhr In der ehemaligen Hofbuchdruckerei werden historische Druckmaschinen gezeigt, darunter eine Offsetdruckmaschine aus dem Jahr 1919. Nach telefonischer Anmeldung sind Vorführungen möglich (F 4)

SCHILLER-HAUS UND SCHILLER-MUSEUM
Schillerstraße 17, Mo-So 9-18 Uhr, Di geschl. Seine letzten drei Lebensjahre bewohnte Schiller mit seiner Frau Charlotte und den Kindern das Haus. Die Einrichtung ist teilweise rekonstruiert (G 4)

STADTMUSEUM WEIMAR IM BERTUCHHAUS
Karl-Liebknecht-Straße 5-9, Telefon 90 38 68, Fax 90 38 68, Di-So 10-17 Uhr In dem zwischen 1780 und 1802 errichteten Bürgerhaus des Schriftstellers, Verlegers und Unternehmers Friedrich Justin Bertuch, inzwischen aufwendig restauriert, wird eine umfangreiche Ausstellung zur Stadtgeschichte gezeigt. Prunkstück des Stadtmuseums ist die prächtige klassizistische Eingangshalle (F 3/4)

WITTUMSPALAIS
Theaterplatz, Di-So 9-18 Uhr Der hervorragend restaurierte Witwensitz der Herzogin Anna Amalia erlaubt einen schönen Blick in das Leben im klassischen Weimar. Im Tafelrundenzimmer traf sich regelmäßig ein literarisch und künstlerisch interessierter Freundeskreis, dem u.a. Herder, Knebel, Goethe, Jean Paul, James Gore und Wieland angehörten. Im Wielandmuseum, im Torgebäude des Wittumspalais, sind die Lebensstationen des Dichters dokumentiert (G 4)

Bauhaus-Museum: „Turm des Feuers“ von Johannes Itten

GEDENKSTÄTTEN

A. SCHWEITZER-GEDENK- UND BEGEGNUNGSSTÄTTE
Kegelplatz 4, Telefon 20 27 39, Fax 20 27 39, Di-So 10-17 Uhr Im früheren Wohnhaus von Johann Carl August Musäus wurde 1984 die Schweitzer-Gedenkstätte eingerichtet. Eine umfangreiche Austellung informiert über Leben und Werk des Arztes. Im Haus gibt es Gästebetten, rechtzeitige Reservierung ist notwendig (F 5)

BUCHENWALD
1. Okt.-31. März 9.30-17.15 Uhr (letzter Einlaß), 1. April-30. Sept. 8.45-17.15 Uhr (letzter Einlaß), Mo geschl. Die Buslinie 6 verkehrt stündlich ab Goetheplatz und Hauptbahnhof (auf Hinweisschild Buchenwald achten, ein Teil der Busse fährt nach Ettersberg) Auf dem Ettersberg richteten die Nazis 1937 ein Konzentrationslager ein, in dem etwa 56 000 Menschen aus 32 Nationen getötet wurden. Auf der Südseite des Berges steht das Mahnmal mit der Figurengruppe von Fritz Cremer und der etwa 50 Meter hohe Glockenturm. Hier ist auf einer Wand der Schwur der Buchenwald-Häftlinge zu lesen: „Die Vernichtung des Faschismus mit seinen Wurzeln ist unsere Losung. Der Aufbau einer neuen Welt des Friedens und der Freiheit ist unser Ziel.“ Als die amerikanische Armee im April 1945 Buchenwald erreichte, hatten die verbliebenen etwa 20 000 Häftlinge das Lager bereits in ihre Gewalt genommen. Nach 1945 wurde Buchenwald sowjetisches Lager für NS-Anhänger, aber auch für unbequeme Kommunisten und Ulbricht-Gegner. Viele der Internierten kamen damals durch Hunger und Kälte ums Leben (K 2)

KIRCHEN UND FRIEDHÖFE

HISTORISCHER FRIEDHOF
Am Poseckschen Garten, tgl. 8-21 Uhr Weil der Jakobskirchhof nicht mehr ausreichte, wurde 1818 der heutige Historische Friedhof eröffnet. Er gehört zu den schönsten Friedhöfen in Deutschland. Inmitten der parkähnlichen Anlage steht die Fürstengruft, auch Goethe- und Schillergruft genannt. Hier ruhen die fürstliche Familie und die beiden großen Dichter. Dahinter steht die Grabkapelle der Großherzogin Maria Pawlowna. Zahlreiche bekannte Weimarer wurden auf dem Friedhof begesetzt, so Charlotte von Stein, Clemens Wenzeslaus Coudray und Johann Peter Eckermann. Im neueren Teil der Anlage sind 114 unbekannte Buchenwald-Häftlinge bestattet worden. Das Mahnmal „Der Blitz“ von Walter Gropius erin-

PARK-
VORSTADT
OBER-
WEIMAR
Schönblick
Jenaer Straße
Bodelschwinghstraße
Belvederer Allee
Berkaer Straße
Erfurter Straße
Schwanseestraße
Fuldaer Straße
Trierer Straße
Am Poseckschen Garten
Rudolf-Breitscheid-Straße
Amalienstraße
Marienstraße
Corona-Schröter-Weg
Ilm
Park an der Ilm
(Goethepark)
Historischer Friedhof
Neuer Friedhof
Goethes Garten-haus
Römisches Haus
Liszt-Haus
Bauhaus-Universität
Schloß
Kunstsammlungen zu Weimar
Herzogin-Anna-Amalia-Bibliothek (Grünes Schloß)
Rathaus
Cranach-Haus
Goethe-Haus
Schiller-Haus
Wittums-palais
Dt. Nationaltheater
Goethe-Schiller-Denkmal
Stadtmus. (Bertuch-Hs.)
Weimar-halle
Goethe- und Schiller-Archiv
Altenburg
Jüdischer Friedhof
Marie-Seebach-Stift
Oberförsterei
Casa delle Rose (Haus Pogwisch)
Haus am Horn
Staatsarchiv
Haus der Frau von Stein
Mus. für Ur- u. Frühgeschichte Thüringens
Fürstengruft (Goethe- u. Schiller-Gruft)
Russ.-orthod. Kapelle
Villa Cranachstr. 12
Haus v. Harry Graf Kessler
Nietzsche-Archiv
Herz-Jesu-Kirche
Weimar-Berkaer Bahnhof
Glocken-wiese
Dux-garten

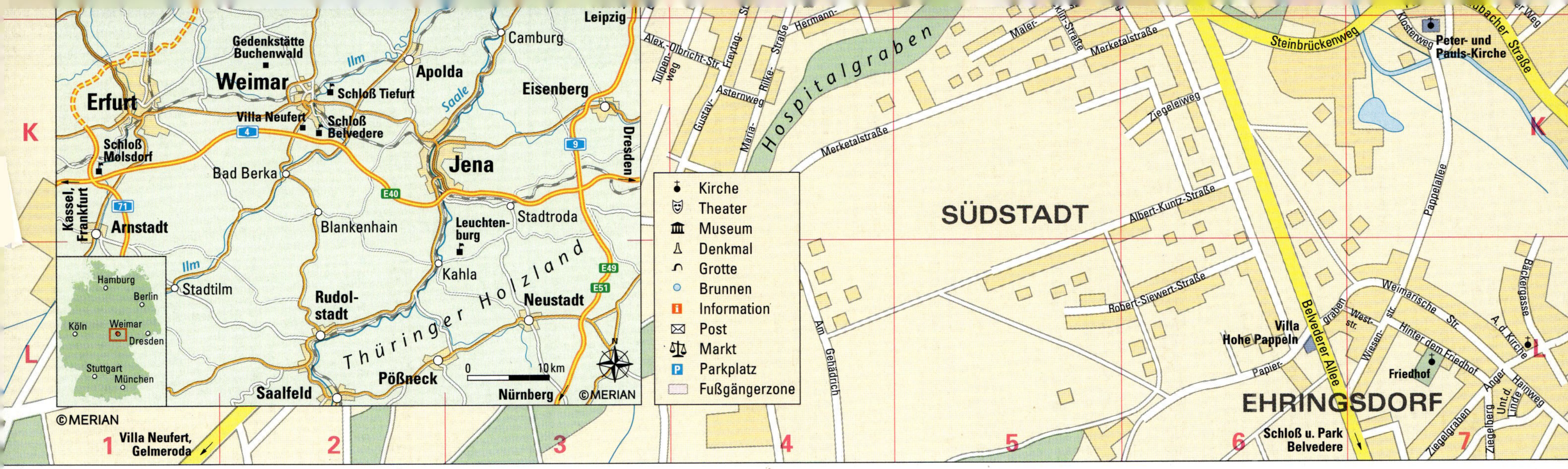

MUSEEN, ARCHIVE, GALERIEN

Autonomes Cultur-Centrum
ACC .... G 5
Bauhaus-Museum .... F/G 4
Deutsches
Bienenmuseum Weimar .... J 6/7
Goethe-Haus und
Goethe-Museum .... G 4
Goethe-und-Schiller-Archiv ...... F 5
Goethes Gartenhaus .... H 5
Herzogin-Anna-Amalia-
Bibliothek/Grünes Schloß .... G 5
Kirms-Krackow-Haus .... F 4/5
Kunstkabinett am
Goetheplatz .... F 4
Kunstsammlungen
zu Weimar .... F 5
Lesemuseum, ehem. .... F 4
Liszt-Haus .... H 4
Museum für Ur- und
Frühgeschichte Thüringens .... H 4
Neues Museum .... E 4
Nietzsche-Archiv .... I 2
Pavillon-Presse .... F 4
Schiller-Haus und
Schiller-Museum .... G 4
Stadtarchiv .... F 4
Stadtmuseum im
Bertuch-Haus .... F 3/4
Thüringisches
Hauptstaatsarchiv/Marstall ...... F 5
Wittumspalais .... G 4

GEDENKSTÄTTEN

Albert-Schweitzer-Gedenk- und
Begegnungsstätte /
Musäushaus .... F 5
Buchenwald .... K 2

KIRCHEN, FRIEDHÖFE

Historischer Friedhof
mit Fürstengruft .... H-J 3-4
Jakobskirche mit
Jakobsfriedhof .... F 4
Jüdischer Friedhof .... G 5/6
Russisch-orthodoxe Kapelle ...... I 4
Stadtkirche St. Peter und Paul /
Herderkirche .... F 4

SEHENSWERT

Altenburg .... F 5
Bauhaus-Universität .... H 4
Borkenhäuschen .... H 5
Casa delle Rose /
Haus Pogwisch .... H 6
Cranach-Haus .... G 4
Deutsches Nationaltheater ...... G 3
Deutschritterhaus .... F 4
Eckermann-Haus .... G 4
Franziskanerkloster .... G 4
Fürstenhaus/Hochschule für Musik
„Franz Liszt“ .... G 5
Gauforum, ehem. .... E 4
Gelbes Schloß .... G 5
Goethe-und-Schiller-
Denkmal .... G 3/4
Hauptbahnhof .... C/D 4
Haus am Horn .... H 6
Haus der Frau von Stein .... G 5
Haus Stegmann .... D 4
Haus von
Harry Graf Kessler .... H 3
Herder-Haus .... F 4
Jägerhaus ....H 4
Kasseturm .... F 4
Marie-Seebach-Stift .... F 6
Park an der Ilm .... G-I 5
Rathaus .... G 4
Residenzschloß .... F 5
Römisches Haus .... I 5
Rotes Schloß/Magistrat .... G 5
Schloß Belvedere .... K 2
Shakespeare-Denkmal .... H 5
Stadthaus .... G 4
Villa Cranachstr. 12 .... H 3
Villa Hohe Pappeln .... L 6
Villa Neufert .... K 2
Villa Ortlepp .... J 4
Weimarhalle .... E/F 3/4

STRASSEN, PLÄTZE

Frauenplan .... G 4
Goetheplatz .... F 4
Herderplatz .... F 4
Markt .... G 4
Platz der Demokratie .... G 5
Rollplatz .... F 4
Theaterplatz .... G 4

CAFÉS

ACC-CAFÉ
Burgplatz 1/2, Telefon 8511 61/2, Hauptgerichte 9-18 DM, Mo-So 11-1 Uhr, Visa, Euro, Diners, AmEx Wichtiger Szene-Treff der Stadt, wo Künstler, Studenten Bänker und Punker gemütlich bei Bier und Kaffee zusammensitzen. In den angrenzenden Galerie-Räumen gibt es wechselnde Ausstellungen. Dienstags wird zur Jazz-Session geladen, am Montag ist Kino-Tag (G 5)

Stilvolles Ambiente: die Bar des Restaurants Shakespeares

BRASSERIE CENTRAL
Rollplatz 8a, Tel. 85 27 74, Hauptgerichte 10-24 DM, Mo-So 10-1 Uhr, Visa, Euro Kaffeehaus-Kneipe im Jakobsviertel, dem ältesten Teil der Stadt. Französische Küche und viel Atmosphäre (F 4)

CAFÉ UND RESTAURANT FRAUENTOR
Schillerstr. 2, Tel. 511322, Hauptgerichte 12-30 DM, Mo- So 9-1 Uhr, Visa, Euro, AmEx, Diners Im Sommer auch Straßencafé. Kenner sagen, daß es hier den besten hausgebackene Kuchen Weimars gibt (G 4)

GOETHE-CAFÉ
Wielandstr. 4, Tel. 90 34 32, Hauptgerichte 9.50-16.50 DM, Mo-Sa 9-19, So 11-19 Uhr Spezialität: Palatschinken, hausgebackener Kuchen (F 4)

RESIDENZ CAFÉ
Grüner Markt 4, Tel. 594 08 Hauptgerichte 10 bis 21.50 DM, Mo-Fr 8-1, Sa, So 9-1 Uhr Das „Resi" im Wiener Stil ist *der* Treffpunkt in Weimar. Klassenlos und freundlicher, lockerer Umgangsstil (G 5)

THEATER-CAFÉ
Theaterplatz 1a, Tel. 90 32 09, Hauptgerichte 10-24 DM, Mo-So 10-1 Uhr, Visa, AmEx, Euro, Diners Neben dem Nationaltheater, beliebt bei Künstlern, Theaterleuten, -besuchern (G 4)

CLUBS UND SZENE

CLUB C 1
Carl-August-Allee 1, Telefon 50 23 01, Di-Sa 18-3 Uhr, Hauptgerichte 12-25 DM, Visa, Euro, Telecash, Clubkarte Die richtige Adresse für Nachtschwärmer. Am Mittwoch gibt's Jazz, am Freitag Funk and Soul und am Samstag Disco (D 4)

STUDENTENKLUB KASSETURM
Goetheplatz 10, Tel. 58 49 55, Mo-So ab 19 Uhr Ein Treffpunkt für Studenten und Nichtstudenten (fast) jeden Alters. Geboten werden Livemusik, Kleinkunst und Disco – und dazu Getränke und kleine Speisen zu Studentenpreisen (F 4)

EINKAUFSTIPS

ANTIQUARIAT INGRID WERNER
Rollplatz 15, Tel. 51 26 25, Fax 50 45 92, Mo-Fr 10-18, Sa 10-14 Uhr Spezialisiert auf antiquarische Reiseliteratur und Ansichtskarten. Eine kleine Filiale befindet sich am Markt, rechts neben dem Rathaus (geöffnet Mo-Fr 10-17.30 Uhr) (F 4)

ANTIQUITÄTEN AM PALAIS
Schillerstraße 22, Telefon 596 25, Fax 596 25, Mo-Fr 10-18, Sa 10-16 Uhr Für Liebhaber von Gehstöcken. Wahre Fundstücke sind antiquarische Dirigentenstöcke (G 4)

BECKER THÜRINGEN-SOUVENIRS UND KUNSTHANDWERK
Frauentorstr. 19, Tel. 50 31 23, Mo-Fr 10-18, Sa, So, feiertags 10-17 Uhr, Visa, Diners, AmEx Anspruchsvolle Souvenirs meist einheimischer Herkunft. Büsten, Bücher und Bürgeler Keramik. Tip: das Goethe-Barometer aus Lauschaer Glas (G 4)

HANFLAND WEIMAR
Geleitstr. 11, Telefon 401457, Fax 401457, Mo-Fr 10-19, Sa 10-16 Uhr, Euro, EC, Visa Hanf-Produkte: Textilien, Schmuck – und Literatur über die Faserpflanze (F 4)

JÖRG WÄTZEL MÄNNERMODE
Geleitstr. 8, Tel. 5119 54, Fax 5119 54, Mo-Fr 10-19, Sa 10-16 Uhr, Visa, Diners, Euro, AmEx, JCB Sportlich-elegante Herrenmode und feine italienische Weine (F 4)

KAISER-KRAWATTE
Schillerstr. 22, Tel. 596 25, Fax 596 25, Mo-Fr 10-18, Sa 10-16 Uhr, EC-Karte Der Inhaber bezeichnet das unmittelbar am Wittumspalais liegende Geschäft als „kleinstes Krawattenfachgeschäft nördlich der Alpen". Die etwa 1800 verschiedenen Krawatten können in fast allen Währungen bezahlt werden (G 4)

SCHLESER KUNST & ANTIQUITÄTEN
Obere Schloßgasse 8, Tel. 51 44 50, Mo-Fr 10-13 und 14-18, Sa 10-14 Uhr Möbel, Gemälde und Kleinkunst, meist aus dem Biedermeier (G 4)

SPIELZEUG LOLA LENNARTZ
Marktstraße 11, Telefon 40 06 06, Fax 40 06 06, Mo-Fr 10-13 und 15-18, Sa 10-13 Uhr, AmEx, Diners, Euro, Visa Die Inhaberin ist Spielzeugdesignerin und stellt selbst Puppen her. Auf Wunsch wird hier auch der Lieblingsteddy fachgerecht repariert (G 4)

TRÖDLER „FERDINAND X"
Freiligrathstraße 16, Tel. 40 29 85, Mo- Fr 11-17 Uhr Ein wahres „Stöberparadies" mit Möbeln, Porzellan, Glas und Garderobe von anno dunnemals (E/F 4)

WEINHANDLUNG KATZMANN
Marstallstr. 1, Telefon 4011 99, Fax 4011 99, Mo-Fr 10-18, Sa 10-16 Uhr Edle Tropfen aus Frankreich, Italien und Übersee sowie natürlich von Saale,Unstrut und Elbe. Fachliche Beratung und Verkostung – die Inhaberin hat Weinbau studiert (F 5)

W. HOFFMANN'S BUCH- UND KUNSTHANDLUNG
Schillerstr. 9, Telefon 90 39 21, Fax 50 41 98, Mo-Fr 9-18, Sa 10-14 Uhr, Visa, Diners, AmEx, Euro Die 1710 gegründete Buchhandlung war zur klassischen Zeit die einzige Weimars. Große Auswahl an Literatur der deutschen Klassik sowie Bilder zeitgenössischer Maler (G 4)

GALERIEN

ACC-GALERIE
Burgplatz 1/2, Tel. 85 12 61, Di-So 11-18 Uhr, EC, Euro, Diners, Visa, AmEx Eine Projektgalerie, in der auch Bilder verkauft werden. Besondere Verdienste liegen in der Förderung junger einheimischer Künstler. Seit 1994 läuft ein anspruchsvolles europäisches Atelierprogramm: Jedes Jahr werden drei Künstler für vier Monate nach Weimar eingeladen (G 5)

GALERIE IM CRANACH-HAUS
Markt 12, Tel. 90 37 68, Fax 90 37 68, Di-Fr 10-18 Sa 11-15 Uhr, Euro Vertreter der klassischen Moderne, aber auch zeitgenössische internationale Künstler. Jährlich etwa acht Ausstellungen (G 4)

GALERIE & KUNSTHAUS HEBECKER
Marktstraße 2/4, Tel. 85 37 41, Fax 85 17 87, Di-Sa 10-17.30 Uhr Künstler der „verlorenen Generation": Maler, die aus politischen oder modischen Gründen keine Beachtung erfuhren. Etwa alle sechs Wochen wechselt die Ausstellung (G 4)

GALERIE PROFIL
Schloßgasse 6, Telefon 40 25 60, Fax 40 25 61, Di-Fr 10-19 Sa 10-15 Uhr, Visa, Diners, Euro, AmEx, EC Malerei, Grafik und Plastik meist deutscher Künstler, vorwiegend jener aus Thüringen (F 5)

GALERIE SCHACHTELHALM
Untergraben 3, Tel. 51 33 47, Di - Fr 10-18, Sa 10-14 Uhr Die kleine Galerie in einem Haus aus dem 16. Jahrhundert zeigt Puppen und Skulpturen, Möbel und Textiles aller Art. Im Innenhof ist eine kleine Werkstatt zu besichtigen (F 4)

MUSEEN UND ARCHIVE

Zahlreiche Museen in Weimar haben im Winterhalbjahr, von Ende Oktober bis Mitte März, verkürzte Öffnungszeiten. Letzter Einlaß ist überall 15 Minuten vor Schließung

BAUHAUS-MUSEUM
Kunsthalle am Theaterplatz, Di-So 10-18, Nov.-März-16.30 Uhr Im Mittelpunkt steht das Staatliche Bauhaus, das bis 1925 in Weimar beheimatet war. Mehr als 500 Exponate über die Kunstentwicklung in Weimar zwischen 1900 und etwa 1930 (FG 4)

DEUTSCHES BIENENMUSEUM WEIMAR
Ilmstraße 3 (Ortsteil Oberweimar), Di-So 10-17 Uhr, Buslinie 1, Haltestelle Plan Oberweimar Kulturg schichte der Imkerei. Sammlung sch ner Bienenstöcke aus dem 17./18. Jh u.a. in Form geschnitzter Figuren. I Hause eine empfehlenswerte Gas stätte (Di-So 11.30-23 Uhr) (J 6/7

GOETHE- UND SCHILLER-ARCHIV
Hans-Wahl-Straße 4 Das ältest und umfassendste deutschsprachig Literaturarchiv, mit mehr als eine Million Handschriften. Aufbewah werden u.a. die Nachlässe von Wie land, Nietzsche, Achim und Bettin von Arnim, Fritz Reuter, Mörike, Fre ligrath, Hebbel, Büchner, Liszt un des Weimarer Unternehmers Frie drich Justin Bertuch sowie des Bau meisters Clemens Wenzeslaus Cou dray. Die Bestände des Archivs kön nen für wissenschaftliche Arbeite genutzt werden. Der letzte Nach komme Goethes, sein Enkel Walthe Wolfgang, vermachte das Haus, di Hinterlassenschaft seines Großva ters, im Jahr 1885 der Stadt Weima und der Großherzogin Sophie. Di Herrscherin begründete das Archi in das bald auch die Handschrifte Friedrich Schillers aufgenommen wu den. In den Jahren 1885 bis 1919 en standen hier die 143 Bände der histo rischen Gesamtausgabe der Werk Goethes, die „Sophienausgabe". Di rekt nach dem Zweiten Weltkrie folgte dann die Schiller-Nationalaus gabe (F 5)

GOETHE-HAUS UND GOETHE-MUSEUM
Frauenplan 1, Di-So 9-18 Uhr Nahe zu 50 Jahre wohnte der Dichter in die sem 1709 im barocken Stil erbaute Haus. 1886 wurde es als Gedenkstätt eröffnet. Zu besichtigen sind di Wohnräume Goethes und seiner Fra Christiane, Arbeitszimmer und Bibli othek des Dichters, die Empfangs und Kunstsammlungsräume und de schöne Hausgarten (G 4)

GOETHES GARTENHAUS
Park an der Ilm, Mo-So 9-18 Uhr, dienstags geschlossen 1776-82 lebte und arbeitete Goethe im Gartenhaus im Park an der Ilm. Die wenigen Einrichtungsgegenstände sind Originale. Der von Goethe angelegte Englische Garten wurde nach Originalvorbild wieder hergerichtet (H 5)

HERZOGIN-ANNA-AMALIA-BIBLIOTHEK
Platz der Demokratie 1, Rokokosaal: Mo-Sa 11 bis 12.30 Uhr Das aus dem 16. Jh. stammende Grüne Schloß wurde 1761-66 im Auftrag der Herzogin Anna Amalia zum Bibliotheksgebäude umgebaut. Der dreigeschossige Bibliothekssaal

Idyll in der Stadt: Historischer Friedhof mit der Fürstengruft und der russisch-orthodoxen Kapelle

Für Nachtschwärmer und Jazzfreunde: der Club C 1

langjährigen Herausgeberin des Goethe-Kalenders, die eine der besten Kennerinnen der Materie ist

Sigrid Damm, Christiane und Goethe, Insel. 1998, 56 DM Mit akribischer Recherche zeichnet Sigrid Damm das Bild einer spannungsvollen Partnerschaft zwischen Goethe und Christiane Vulpius

G. Günther, W. Huschke und W. Steiner (Hrsg.), Weimar, Lexikon zur Stadtgeschichte, Hermann Böhlaus Nf., 1998, 58 DM Das Standardwerk! Ein ausführliches, gut bebildertes Lexikon zur allgemeinen Historie sowie zur Geschichte der Religion, Kunst, Architektur, Wirtschaft, und Wissenschaft

Konrad Kratzsch, Kostbarkeiten der Herzogin Anna Amalia Bibliothek, Edition Leipzig, 1993, 48 DM Interessanter und schöner Katalog mit Erläuterungen zu den Sammlungen

R.W. Leonhardt/H. Stade, Edition Deutsche Städte: Weimar, Bucher 1996, 49,80 DM Anspruchsvoller und kenntnisreicher Bildband über Geschichte und Gegenwart Weimars

Peter Merseburger, Mythos Weimar, Deutsche Verlags-Anstalt 1998, 48 DM Eine umfassende, kritische Kulturgeschichte Weimars im Spannungsfeld zwischen den Idealen der Klassik, der Nazibarbarei und dem Mißbrauch durch die Kommunisten. Eine gründliche Analyse, die dennoch unterhaltsam ist

Thomas Steinfeld, Barbara Klemm (Fotos), Weimar, Klett-Cotta, 1998, 48 DM Biographie einer ästhetischen Provinz in zwei Jahrhunderten – von der goldenen Epoche Goethes bis zum bronzenen Zeitalter der Kessler und van de Velde

Siegfried Unseld, Goethe und der Ginkgo, Insel, 1998, 22,80 DM Die Geschichte des sonderbaren Baumes und die Entstehungsgeschichte des „West-östlichen Divan"

Christiane Weber, Villen in Weimar (Band 1 und 2), Hrsg. Hans Hoffmeister, Rhinoverlag, 1996/97, je 49,80 DM Kenntnisreiche Streifzüge durch die architektonische Vielfalt und sensible Bestandsaufnahmen, die die Erbauer und Bewohner der geschichtsträchtigen Bauten lebendig werden lassen. Beide Dokumentationen basieren auf einer vielbeachteten Serie der Thüringischen Landeszeitung. Weitere Bände sind in Vorbereitung

WEIMAR KULTUR JOURNAL

Das monatlich erscheinende anspruchsvoll gestaltete Journal (Zeitschrift für Weimar, Erfurt, Jena, Apolda) informiert über Bildende Kunst, Theater, Musik. Literatur, Architektur, Geschichte und andere kulturelle Aktivitäten. Beigeheftet ist ein aktueller Veranstaltungskalender. Das von der Kulturdirektion Weimar gemeinsam mit den Städten Erfurt, Jena und dem Kreis Weimarer Land herausgegebene Weimar Kultur Journal kostet 4,50 DM, im Abonnement 4 DM. (Weimardruck GmbH, Hinter dem Bahnhof 10, 99427 Weimar, Telefon 41710, Fax 423031)

VERANSTALTUNGEN 1999

Eine Auswahl (ohne Gewähr)
„Zeitschneise" – 1,3 km langer gerodeter Waldweg zwischen Ettersburg und Buchenwald (22. 1.-31. 12.)

„Auffrischender Wind aus wechselnden Richtungen" – Internationale Avantgarde seit 1960 (Sammlung Paul Maenz im Neuen Museum Weimar, ganzjährig)

„Faust I und II" (Deutsches National-Theater, Aufführungstermine von Januar bis August)

Neue Ständige Ausstellung zur Weimarer Klassik (Goethe-Museum, ab 20. 2.)

1999 Minuten Goethe lesen – Menschen aller Ethnien und Sprachen lesen „ihren" Goethe (19. 2.-31.12.)

Zeitreisen zu Fuß durch Weimar – Texte und Bilder an 23 Stationen vermitteln Personen und Ereignisse europäischer Kulturgeschichte (28. 3.-8. 10.)

„Fausts Verdammnis" von Hector Berlioz (DNT, Termine von März bis Juni und im August)

„Mephisto" – Tanztheater (DNT, Termine von März bis August)

„Moving Points" – die wichtigen Choreographien des späten 20. Jh. von internationalen Ensembles (Viehauktionshalle von April bis September)

The Tokyo Ballet – Choreographien u.a. von Béjart und Neumeier (Viehauktionshalle 3. - 5. 4., 8.-10.4.)

„Licht auf Weimar" – Licht, Projektionen, Farben, Pflanzen, Gerüche und Geräusche (1. 5. - 31. 8.)

„Aufstieg und Fall der Moderne" – Malerei und Plastik 1890-1990 (Schloßmuseum und Landesverwaltungsamt 9. 5. - 1. 8.)

„Kult (Weimar)" – Von Buchenwald-Häftlingen gefertigte Kopien des Schillerhaus-Mobiliars (Schillerhaus, 22. 5. - 4. 7.)

„Gezeichneter Ort" – 250 Goethezeichnungen im ehemaligen KZ (Gedenkstätte Buchenwald, 22. 5. - 4. 7.)

Béjart Ballett Lausanne (Viehauktionshalle, 14.-16. u. 18. - 20. 5.)

„Geld" – Künstleraktionen zu einem Tabu (22. - 27. 6. E-Werk, ACC)

Internationale Schillertage, zur Eröffnung „Don Carlos" (DNT, 5.-13. 6.)

Dance Theatre of Harlem (Viehauktionshalle, 10. -13. 6.)

„Goethes Italienische Reise" – nach den Tagebüchern, Nuova Teatro Eliseo Rom (Schloßhof 24.- 27. 6.)

Remembering Duke Ellington (Schloßpark Belvedere, 2.- 4.7.)

Yehudi Menuhin dirigiert – Werke von Beethoven, Bach, Schostakowitsch und Mozart (Schloßpark Belvedere, 10. und 11.7.)

„West-östlicher Divan" – Workshop für Orchester- und Kammermusik (Musikgymnasium Belvedere, 7.-17.8.)

Der Goethe-Geburtstag (Goethehaus, 27.- 29. 8., Straßentheater am 28.8.)

„Geheimster Wohnsitz" – Goethe als Kunsthistoriker (Italienische Meister im Schloßmuseum, 28. 8.- 31. 10)

Frankenstein. Ein Theatermonster (Festival im „Gauforum", 8.- 25. 9.)

Das Weimarer Kantatenschaffen Johann Sebastian Bachs (20.- 24.10.)

BILDNACHWEIS

Anordnung im Layout: o = oben, u = unten, r = rechts, l = links, m = Mitte. Der Stiftung Weimarer Klassik und der Kunstsammlungen zu Weimar danken wir für freundlich erteilte Fotogenehmigungen auf den Seiten 6 m, 18/19, 128m sowie 93 u, 95 u, 97 u, 127 o. Titel: Tina Hager ; S.3 lo Tom Nagy, r Rene Menges; S.6 ro Wilfried Bauer, lm Tina Hager, m Ulrike Schamoni, rm Wulf Brackrock, lu Jordis Schlösser, ru Brackrock; S.7 Jim Rakete; S.8 o Sabine Wenzel, u worldhaus TV; S.10 ro Hager, lu (3) Bauhaus Universität Weimar 1998; S.11 ro Fulvio Zanettini/ laif, lu Schlösser, ru Volker Hiller; S.12 o Bauhaus-Universität, lu Brackrock, mu, ru Deutsches Bienenmuseum/Atelier für Gestaltung Papenfuß; S.14/15 bis 28/29 Hager; S.32 bis 39 Brackrock; S.36 u Original: Naomi Tereza Salmon, Foto: Gabi Zimmermann; S.40 bis 44 Rakete; S.48/49 bis 57, S.59, 60, S.62 lo, ro, S.63 lo, ro Jordis Schlösser; S.62/63 mo Zanettini/ laif; S.68 bis 73 Brackrock; S.76, 77, 78 lo, 79 ro Zanettini/laif, S. 78 u, 81 lo Wilfried Bauer; S.79 lo, 8O u Hager; S.81 ro Marc-Oliver Schulz; S.84/85 bis 91 Ulrike Schamoni; S.92/93 M-O. Schulz; S.93 u, 94/95, 96 u Raffaele Celentano; S.96 o Rene Menges, S.97 Jürgens Ost und Europa Photo; S.99 o BPK, Berlin, u, S.101 o AKG, Berlin, S.101 m Brackrock; S.102/103 Hager, S.104/105 Brackrock, S.108/107 Bauer; S. 108 Bernd Hartung/Willi Filz; S.110 bis 119 Bauer; S.120 m, 126, 129 Fulvio Zanettini/laif; S.127 o Fausto Giaccone/ Agentur Anzenberger, VG Bildkunst, Bonn 1998; u Jürgens Ost und Europa Photo, S.128 o Peter Hirth/v. Pfaff/transit, m Schlösser; S.130 Heiko Specht/laif, m Gregor Lengler, lu Harry Gruyaert/Magnum, ru Nick Doldings/Tony Stone WW.
Karten: Computerkartographie Huber, München.

IMPRESSUM

MERIAN – das Monatsheft der Städte und Landschaften. Gegründet 1948

HOFFMANN UND CAMPE
im Verlag HOFFMANN UND CAMPE zu Hamburg

Herausgeber: Manfred Bissinger, Dr. Will Keller
Chefredakteur: Holger Schnitgerhans
Stellvertretender Chefredakteur: Dr. Erwin Brunner *(Text)*
Geschäftsführende Redakteurin: Gesa Engelschall
Art Directorin: Andrea Hinrichs
Chef vom Dienst: Tibor M. Ridegh
Redakteure: Florian Hanig, Siebo Heinken *(techn. Koordination)*, Helga Thiessen
Redakteur dieses Heftes: Tibor M. Ridegh
Layout: Dorothee Schweizer *(stellvertr. Art Directorin)*, Ingrid Koltermann, Klaus Lingenauber
Bildredaktion: Eva M. Ohms, Hanni Rapp
Karten und Schlußredaktion: Jasmin Wolf
Verlagsleitung: Peter Rensmann
Herstellung: Heidrun Seven
Gesamt-Anzeigenleitung (verantw.): Roberto Sprengel
Anzeigenleitung: Christel Janssen
Anzeigenstruktur: Iris Dabrée
Vertriebsleitung: Jörg-Michael Westerkamp *(Zeitschriftenhandel)*, Claudia Reitter *(Buchhandel)*, Karsten Heyer *(Objektmarketing)*

MERIAN erscheint monatlich im Jahreszeiten-Verlag GmbH, Poßmoorweg 5, 22301 Hamburg, Tel. 040/2717-0, Fax 040/2717-2056. Anschrift der Redaktion: Harvestehuder Weg 42, 20149 Hamburg, Postfach 13 04 44, 20139 Hamburg E-Mail: Merian@hoca.de · Tel. 0 40/ 4 41 88-0 · Telefax: 4 41 88-3 10 · **Leserservice: Postfach 60 15 40, 22215 Hamburg, Telefon 01 80/5 11 01 10, Fax 0 40/27 17-20 79** · Gültige Anzeigenpreisliste: Nr. 35 · Das vorliegende Heft Januar 1999 ist die 1. Nummer des 52. Jahrgangs · Diese Zeitschrift und die einzelnen Beiträge und Abbildungen sind urheberrechtlich geschützt. Jede Verwertung außerhalb der engen Grenzen des Urheberrechtsgesetzes bedarf der Zustimmung des Verlages · Keine Haftung für unverlangt eingesandte Manuskripte und Fotos · Preis im Abonnement monatlich 12,45 DM inkl. Zustellung frei Haus · Der Bezugspreis enthält 7 % Mehrwertsteuer · Kündigungen 6 Wochen zum Ende des Bezugsquartals · Postgirokonto Hamburg 299453-202 (BLZ 200 100 20) · Vereins- und Westbank AG, Hamburg, Konto-Nummer 2/16 739 (BLZ 200 300 00) · Führen in Lesemappen nur mit Genehmigung des Verlages · Printed in Germany · Litho: Alphabeta Druckformdienst GmbH, Hamburg. Druck und Verarbeitung: Christian Heckel GmbH, Nürnberg. **ISBN 3-455-29901-6**

MERIAN (USPS No. 011-458) is published monthly. The subscription price for the USA is $110 per annum. K.O.P.: German Language Publications, Inc., 153 South Dean Street, Englewood NJ 07631. Periodicals postage is paid at Englewood NJ 07631, and at additional mailing offices. Postmaster: send address changes to: MERIAN, German Language Publications, Inc., 153 South Dean Street, Englewood NJ 07631.

VORSCHAU MAROKKO

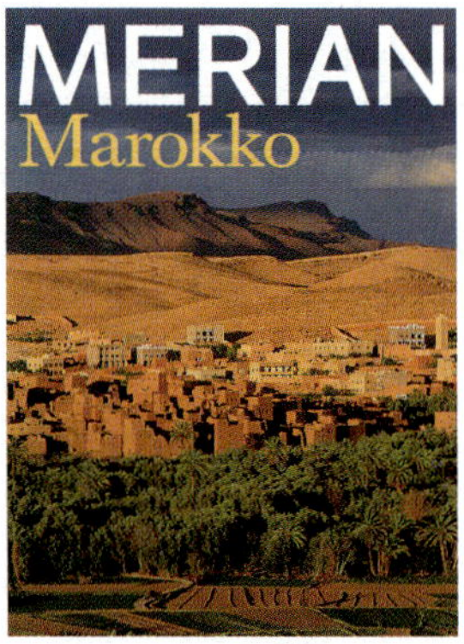

Mekka am Meer: die Moschee Hassan II in Casablanca

Palmen, Kamele und Blaue Männer: Oasenleben im Drâa-Tal

DIE THEMEN: Marokko als Filmset • Eine ewige Stadt: Fès • Jemaa el-Fna – die Bühne von Marrakech • Kif oder Die grüne Hoffnung • Choukri über Tanger • Das Idyll am Atlantik: Essaouira • Hochzeit auf berberisch • Wüstentour hinterm Hohen Atlas • Orientalisch genießen: die schönsten Hotels

Bräute für Berber: der „Hochzeitsmarkt" im Hohen Atlas

Die Dünen der Souks: wo Zimt und Safran duften

Die zuletzt erschienenen Ausgaben

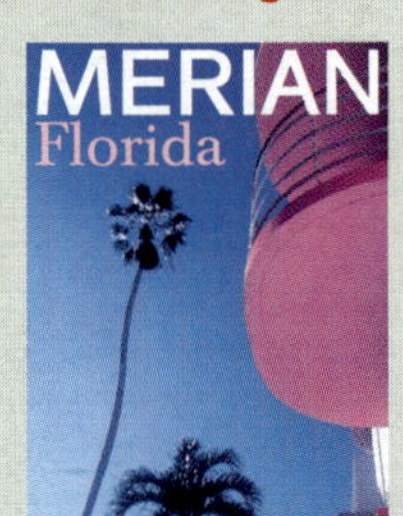

Die folgenden Ausgaben

Ostkanada
Sizilien
Côte d'Azur
Andalusien
Wien
Chicago
Piemont • Turin
München
Indiens Norden